50歳、おしゃれ元年。

地曳いく子

集英社文庫

はじめに

いくら若い気持ちでいても、気がついたら50代。

朝、鏡の中に母親の顔を発見して唖然《あぜん》とし、書類に年齢を記入する時には、つい2、3歳若く書いてしまう。

仕事や家庭もなんとか一段落し、自分というものも少しわかってきた気になる。でも、気がつくと着るものがない！　こんなに服を持っているのに、似合う服がない！　クロゼットいっぱい、パンパンに吊《つ》るしてある服のどれもが似合わないのです！

数年前までは「コレさえ着れば、私少しだけイケているかも？」と思っていた、お助けアイテムのワンピースさえ、どうにもピンとこない。

信じていた服に次々と裏切られ、姿見に映る自分を見て絶望のどん底に落ちる。鏡のわきには、敗北感とともに脱ぎ捨てた服の山が虚《むな》しく積み上がるばかり。

何かしら新調しなくては、と焦って入ったブティックでも試着室で惨敗。

若い頃は「この世に似合わない服なんてないわ！　すべての服を着こなしてや

る！」と傲慢に考えていた私が、完敗なのです。

ファッションを生業《なりわい》とする私でさえそうなのだから、同世代のみなさんはどうしているのでしょう？　何人かの同年代の友人に聞いてみました。

「本当に手持ちの服が似合わなくなった。１日中履いていられて、カッコよく見える靴もない」

それが彼女たちの言葉でした。あ〜、やはり、みんな困っているのです。

若い頃、ファッションについては、かなり研究済みの私たちの世代。「アンアン」や「ノンノ」を読み漁《あさ》り、ＤＣブランドの洗礼を受け、あるものは「ピンクハウス」に走り、またあるものは「コムデギャルソン」に走り、バブル時代には「プラダ」や「グッチ」に夢中になりました。「一生もの」と言われたブランドものもそれなりに集めました。

なのに、なぜ、今、私たちは50代になって、似合うものがないと途方にくれているのだろうか？　もしかしたら10代、20代、30代と信じてきたファッションルールが通用しなくなっているのではないでしょうか？

年を重ねて、確かに体型や顔つきは変わりました。

でも、それだけではない。時代も変わったのです。

にもかかわらず、あの頃の感覚のまま洋服を着続けているから、今の時代の「素敵な50歳の女性」として自分に似合う服が、クロゼットの中にほとんどないのです。

考えるのも嫌ですが、私たちは、人生の折り返し地点をとうにすぎています。残りの人生を、中途半端で納得のいかない洋服を着てすごしたくありませんし、「着るものがないから同窓会に出られない」なんてことを言いたくもありません。

50歳になったからこそ、ここからの人生を素敵に楽しく生きるための新しい「服装計画」が、必要なのです！

そんな思いをこめて、私はみなさんと自分自身のために、50代からの新しいファッションルールをこの本で提案していきたいと思います。

目次

1章 心がまえ編

～脱！「昭和おしゃれルール」

2章 クロゼット見直し編

～目指せ！ ワードローブのオールスタメン主義

3章 ショッピングの鉄則編

～ストップ・ザ・試着室での連敗

4章 おしゃれ実践編

～じゃあ、何を着ればいい？

〈よくある質問編〉

〈アイテム編〉

50歳、おしゃれ元年。

1章

心がまえ編

脱！「昭和おしゃれルール」

Manifesto

××××××××××

50歳の現実から
目を背けず、
自分の変化、
時代の変化を
認めよう

「昭和おしゃれルール」の
罠《わな》から抜け出そう

「ナイス&
カジュアル」を
目指そう

×××××××

ばったり知り合いに会っても大丈夫な服を着てますか？

いきなり大きな問いを投げかけますが、人はなぜ、おしゃれをするのだと思いますか？

暑さ、寒さの調節ができて、他人に迷惑をかけない格好であれば、基本的には何を着ていても問題はないはずです。

年齢を重ねて体力が落ちてきたら、楽なことを最優先にして、どこに行くのもジャージの上下だって問題ないはずです。

ところが、そうはいかない。なぜ、私たちはいくつになってもおしゃれをしたいのか。

これは「人からよく見られたいため」と「自分が気分よくいたいため」という、ふたつの願望が元になっていると思います。

仕事の時は、「人からの目線」、プライベートなシーンでは「自分の気分」というように、時と場合によってこのふたつの願望は微妙に変化します。また、人からよく見られると自分の気分もよくなる、というふうに、このふたつの願望はリンクしています。

こういう願望をかなえるのがおしゃれをする目的だし、おしゃれをする楽しみそのものだと思うのです。

ところが、「似合うものがない」と思ってすごしている50代の女性は、この願望の両方が満たされていない。むしろ、洋服のせいで、気分が下がっていることが結構ある。

そこが問題なのです。

でも、そのことをちゃんと自覚している人はほとんどいないと思います。

実は私自身、2年前の52歳の時、おしゃれについて、深く反省、かつ自覚し直すきっかけになった出来事がありました。

ここでカミングアウトいたしますが、私は、なぜスタイリストになったのか、我ながら不思議なくらいウルトラずぼらで、休日はできることなら楽なジャージで1日すごしたいというタイプ。

ある日曜日の昼、近所のスポーツクラブのヨガクラスに行った時のこと。ロッカールームで小学校の同級生N子さんにばったり会ったのです。なんと、40年ぶりの偶然の再会です。

N子さんの眉は今風にきれいに整えられ、ヘアスタイルは完璧なカラーリングとカットで完成されたふんわりボブ、服は流行のグレー×オフホワイトのバイカラーのニットワンピース。頑張りすぎず適度にカジュアルな、今どきの理想の素敵50代女性の姿がそこにありました。

それに比べて私ときたら、連日のファッション撮影でボロボロだったとはいえ、髪はボサボサで、もちろんノーメイク。家で洗濯したよれよれのカシミアのセーターにエスニック風のロングスカート。ひと言で言うと、〝ヘンなヒッピーおばさん〟。

輝く笑顔の彼女と眼が合った途端に、ものすごい敗北感に襲われ、どっと気分が落ち込みました。

「なんで私こんなひどい格好でジムに来ちゃったの？　私、もう少しましな服をいっぱい持ってるよね。ヨガクラスだからロハスだとしても、なぜこの組み合わせ？　なんでこんな格好で40年ぶりに同級生と対面しなきゃならないの。しかも、私はスタイリストだよね……」

10年前だったら、素敵に似合ったヒッピースタイルも、50代の今となっては疲れたおばさんスタイルにしか見えないことを思い知りました。同時に、自分の不本意な姿を人に見られたことが、どれほど自分を落ち込ませるかということも。

猛烈に反省した私は、その後はジムに通う時も、「知り合いにばったり会っても恥ずかしくない、程々ナイスな印象のスタイル」を心がけることにしたのです。

着ているもののせいで惨めな思いをしたくないし、人からよく見られたいし、何より自分が気分よくいたいですから。

「何を着るか」という〝もの〟の問題以前に、「気分よくすごすために着る」という〝心がまえ〟が、まず、大事なことなのです。

自分の体型&顔の〝経年変化〟から目を背けない

50代の女性のおしゃれにまず必要なのは、着るものの話より心がまえ。このことを、私は何度でもこの本で、しっかり伝えたいと思います。〝心がまえ〟がちゃんとできさえすれば、あとは、ちょっとしたコツをつかむだけなんです。

〝今さら、心がまえなんて……〟と思わないでください。

人生50年、私たちは自分では気がつかないうちに、ものすごく大きな思い込みを持っていたり、常識と言われていたことを疑いもなく信じ続けていたりするものです。

その最たるものが、「現実の自分」に対する認識。

〝アンチエイジング〟という言葉が世間で普通に使われるようになって、うっかりすると、人は年をとらないかのような錯覚さえ持ちかねない。

確かに、現代の50代は若々しい。昔の50代、例えば、私たちの母親が50代だった頃を思い浮かべてみると、内面も見た目も立派な〝おばさん〟〝初老〟だったように思います。今の私たちは、あの頃の母親たちより10歳以上は若く見えていると思います。

ですが、私たちが50年間生きてきた分だけ年をとっていることも、また、紛れもない事実。

20代、30代の頃と体重がほとんど変化していない人でも、体型は変化しています。若い頃の引き締まった身体は、いつしか柔らかいお肉体質となり、重力に負けバストの位置が数cm下がる。肩から二の腕部分にも、もったりとしたお肉がつく。

いくら、ヨガやピラティスに通って体型維持をしているつもりでも、少しさぼれば悲惨な状態に逆戻りです。

体型が変われば、去年まですばらしく似合っていた〝鉄板〟のワンピースが似合わなくなる。それでは、とショッピングに出かければ試着室では惨敗続き。

顔だってそうです。いつの間にかファンデーションが白っぽく見えるようになったのは、顔がくすんできて顔色がワントーン落ちているからです。

当然、顔映りのよい色も変わってきます。「私、ピンクが似合うの〜」と同じ色を着続けると、とんでもないことになる。同じピンクでも、似合う〝色味〟が変わってくるんです。

こうして、色に裏切られ、〝鉄板〟のアイテムにも裏切られる。

それは受け入れがたい現実です。だけど、現実と向き合うことなく逃げていては、〝今の自分に合う洋服を自分で見つけて着る〟ことはできないんです。

「自分の体型も顔も経年変化をしている。若い頃と同じ体型でも顔でもない」

くやしくても、悲しくても、まず、このことを心に刻みましょう。

"痩せていた35歳頃の自分"は ただの幻想と心得て

「自分の経年変化を認めなさい」なんて、50代の女性にとって耳の痛い、聞きたくもないような話を、なぜこんなに力説するのかというと、このことをまず、自分自身にしっかり言い聞かせる必要があるからなんです。

人間は悲しいかな妄想・幻想に生きる動物。特に女はなおさら。

正直に告白すると、私も自分の中にもうひとりの自分、今より10kgは痩せていて、35歳ぐらいの時の顔をした自分を住まわせています。

気をつけていても、たまにその幻想のもうひとりの私がしゃしゃり出てきて、服やアクセサリーを選んでしまうのです。

もちろん、結果は大失敗。

同世代の友達にこのことを話すと、たいてい「カミングアウトするけど、私も同じ！」と言います。

みんな、頭ではわかってはいても、いざ、洋服を買いに行くと、幻想の自分に合わせて服を選んだあげく、「似合う！　いいかも！」と思ってしまうのです。

試着をして、目の前の鏡を見ているのに、その鏡にすら幻想が映って、本当の自分が見えなくなるんです。そのぐらい、幻想の自分像というのはしぶとい。

だから、何度も自分に向かって、「今の私は、35歳ではない。35歳ではない」と、言い聞かせる必要があるのです。

50歳は、リアルな自分で新しいスタートを切る、という意味でも「元年」なのです。

××××××

「昔、美人でスタイルがよい」人ほど罠に落ちている

同年代の中でも、経年変化が小さい女性がいます。土日の銀座や二子玉川《ふたこたまがわ》あたりでよく見かける、推定50代の美人たち。彼女たちは、スタイルもよく、ほとんど30代と変わらない体型で、顔もいわゆる美人顔だったりします。きちんとした格好をしていて、小綺麗《こぎれい》。

だけど、この人たちは美人でスタイルがよいまま50代になったが故の落とし穴にはまっているのです。

彼女たちの共通点は、なまじ、美人でスタイルもよいため、自分が一番輝いていた黄金期のスタイルで止まっていて、過去の栄光を捨てきれていないこと。今の時代にフィットしていないのです。彼女たちは、今も周りから「50代には全然見えない。きれいでスタイルよくて、うらやましい!」と言われているので、おしゃれの工夫をする必要がなく、工夫する力も養われない。これは、年を重ねた今、実に不利。

その点、昔から特に美人ではなく、スタイルにも少々欠点があり、着るものを工夫してきた人（つまり私たち大多数）は、それが今となっては「強み」です。50代になって体型が変わったことに気がつけば、洋服の選び方や着こなし方でなんとかしようと、すぐ工夫できる。ここから盛り返す底力が、既に養われているんです。

ちなみに、この「昔から美人でスタイルもいい50代」の人たちの黄金期は昭和。未《いま》だに、その頃のままの感覚で、つい肩パッドが厚めに入ったジャケット（今の流行はジャストな肩幅か、むしろ袖付けが心持ち内側に入ったデザイン）に古臭いデザインのきれいな色のカシミアニットとかを着てしまう。顔にはきっちり厚めに塗ったパウダリーファンデーションと、明らかに今年の新色ではないピンク系の口紅。きれいでないことはないけれど、どこか古臭くてイケてない感じ。

マスコミに登場する女性議員にも、このタイプの人がいますね。彼女たちがどんなにすばらしい発言をしても、その古臭い格好を見ると、政策や頭の中まで「ちょっと昭和では？」と心配になってしまうのは私だけでしょうか。

××××××

まず「顔」！ファンデーションの厚塗りは今すぐやめよう

なんとかシミを隠そうと塗りたくった厚化粧は、まるでお面のようで、本当に女性を老けさせます。私もフルメイクをすると立派になりすぎて、亡くなった母そっくりになり、確実に10歳は老けて見えます。たちまち昭和の50代女性。「バック・トゥ・ザ・昭和現象」です。

だから、みなさんにぜひ言いたい。50歳を「顔」を変える元年、今までのメイクを変える元年にもしてほしいと。

「あれ？　スタイリストなのに、先にメイクの話？」と不思議に思う方もいるかもしれません。でも、実はここがかなり重要。大事なスタート地点なんです。

ファンデーションを顔のすみずみまで厚塗りしている人。あなた、そのままのメイクでは、どんなに新しい服を試着しても、また鏡の前で敗北感を味わいますよ。

また、逆に、ノーメイクで疲れた顔の人。そのままで買い物に行っても、あなたがきれいに見える洋服は見つからず、完敗になるでしょう。

そのくらい、「顔」は大事なんです。

仕事柄、私は売れっ子モデルやタレントさんの素顔を拝見する機会が多いのですが、私は彼女たちが素顔の時に衣装をフィッティングするのは、極力避けています。

モデルやタレントさんは素顔もきれいです。だけど、メイクをする前だと、イメージが違いすぎて、衣装が合わないことがよくあるのです。もちろん、ヘアメイクを終えた彼女たちは、トレンドの衣装を完璧に着こなしますが、美のプロフェッショナルであるモデルにとっても、それほどヘアメイクは重要なのです。

では、実際には、50代のメイクはどうしたらいいいか？　具体的なことは、後ほど説明するとして、「ファンデーションの厚塗りはやめる！」。この1点だけを、まずはしっかりと頭に叩《たた》き込んでおいてください。

50歳からのおしゃれの生命線は、実は「靴」だった!

経年変化は体型やお肌だけでなく、体力にもしっかりと表れます。

体力の低下に伴って発生するのが、なんといっても「靴問題」。若い頃のように、ヒールの靴でどこまでもガンガン歩く体力なんてないのが50代の現実です。

私自身、靴問題は本当に切実です。外出時間の長い日についついヒールで出かけてしまい、午後、急に襲ってきた足の痛みに耐えかねて、安いフラットシューズを買ってしまったのは一度や二度の話ではありません。急場しのぎに買った中途半端な安い靴が、気がつけば山積みになり、ある時深く反省。

それからはヒールで出かける時は、必ずフラットシューズを持ち歩くようになりました。同窓会のようにここぞと見栄を張りたい時も、ヒールの高い靴は2、3時間だけにして、会場を出たら、即、フラットシューズに履き替えています。

一昨年、階段から落ちて右足首靭帯《じんたい》を裂傷してからは、靴問題をより真剣に考えるようになりました。これで、いよいよヒールの高い靴は履けなくなった。どうする私？　いくら素敵な服を着ていても、足元がイケていなければ負けなのでは?!　と。

そこで、ローヒールの中から自分の納得できるものを本気で探し、ローヒール生活に切り替えることにしました。おかげで、今では楽な履き心地でおしゃれ感も美脚効果もある靴を履けばいいんだ、と思えるようになりました。「高いヒールじゃないとおしゃれはできない」という呪縛から、50歳をすぎて自由になったのです。このことは、私自身の「おしゃれ元年」的な出来事といってもいいくらい、画期的な変化だったと思います。

ちなみに、ヒール生活を送っていた時は、疲れたと言ってはついついタクシーに乗っていましたが、ローヒール生活に切り替えてからは、どんどん歩いているし、階段だって平気。おかげで食事制限なしでかなり痩せたことは、思いがけないラッキーなおまけだったと言えるでしょう。

自分がこういう経験をしたからこそ、余計に私は、「靴問題」についてみなさんにしっかり伝えたいんです。

そこであらためて、みなさんにうかがいますが、ヒールが無理だからといって、ギャザーの入った餃子《ギョーザ》みたいな形の〝ラクラク靴〟やコッペパンみたいな靴を履いていませんか？　楽だからというだけで、安易に選んだ靴を履いてしまったら最後、どんなに素敵な服を着ても冴《さ》えない感じになってしまうんです。

50歳以降、おばさん路線に突き進むか、おしゃれな50代を楽しむか、ここが大事な分かれ目なんです。

どうか、痛くなくて、どんどん歩けて、自分の納得できるおしゃれな靴を見つけることをあきらめないでください！

具体的にどんな靴がよいかは、後で説明しますが、まずは「厚塗りファンデーションNG！」と同じくらいの声の大きさで、「餃子みたいなラクラク靴はNG！」と叫びたい！

時代は、コンサバからカジュアルに変わった!

私たちが50歳になってしまったということは、当たり前のことだけど、生まれてから50年の歳月が流れたということ。

私たち自身が経年変化しただけでなく、時代も変化しました。世の中のムードが変わり、生活スタイルや価値観が変わり、「おしゃれ」や「素敵」のイメージも変わりました。

私たちが若い頃憧れていた素敵な大人の女性像は、例えば、上質のツイードジャケットスーツに身を包み、きちんとセットされたヘアに、きれいにひかれたルージュ。それは、雑誌「家庭画報」の世界です。そんな大人の女性になるんだわ！　と夢見て生きてきた方も多いことでしょう。

でも、知らないうちに、世の中はジンワリとカジュアル化が進んだのです。今やパリの高級ホテル、ジョルジュ サンクのティールームでさえ、ジーンズでお茶ができる時代になりました。脱・コンサバ。そういう時代に変わったんです。

服装のルールというのは、時代とともにあります。

コンサバがよしとされていた時代にはコンサバに装えばいいし、カジュアルな時代には、それに合わせる。そんな時代の空気を読むことが、おしゃれで若々しく素敵に生きるコツなのです。

反対に、時代の変化を無視して、コンサバなファッションにしがみついていると、そのきちんと感が逆にやぼったく映り、おしゃれには見えないのです。

魅力的に見える女性像も、時代とともにどんどん変化しています。

かつて人気があったレースクイーンのような八頭身美人に比べれば、お世辞にも美人とは言えないお笑いタレントの森三中の３人が結構かわいく思えてしまう。

これも、今の時代のおしゃれが、良家の奥様スタイルから、親近感のあるカジュアルなスタイルへと変わっていることの表れのひとつ。

時代は変わった。このことも、しっかりと認めて、心に刻んでおきたいことです。

目指すのは「ナイス&カジュアル＝《イコール》決めすぎない好印象な服」

では、今、私たちは、どんなスタイルをすればいいのか？

昔と違って、若くて自由な今の時代の50代。まだまだおしゃれを楽しめるし、冒険もできます。奥様風コンサバは、もっともっと先、本当のおばあちゃんになってから楽しめばいいのです。

私が提案したいのは、「ナイス&カジュアル」なスタイルです。

NY《ニューヨーク》のファッション業界のパーティの招待状に書いてあるドレスコードに、「ナイス&カジュアル」というのがあります。張り切りすぎず、決めすぎず好印象でセンスがいい服ということらしいのですが、これこそまさに、今、私たちが目指すべき〝程よいカジュアル〟だと思います。

ニューヨークのファッション業界のパーティなんて、遠い場所の話と思うかもしれませんが、ああいうところの新基準がジワジワと一般社会に広まって、時代の雰囲気になっていきます。実際、日本の女性にも「ナイス&カジュアル」は広まりつつあります。

ところで、〝決めすぎない〟というのが実は一番難しい。

バブルの時代に青春をすごしてしまった私たちは、キメキメにするのは得意でも、カジュアル下手な人が多いように思えます。ついつい、張り切っちゃうんですよね。

「ナイス&カジュアル」を実践するには、引き算がポイント。アクセサリーをつけようかどうか迷った時は、試しに外す。盛り込みすぎず、頑張りすぎず、トゥーマッチにならないことが肝心です。

かといって、「シンプル・イズ・ベスト」という、そっけないミニマム主義とも違います。

場の空気を明るくする軽やかさと、程よい親しみやすさがあり、「ステキ。彼女、気持ちのいい人ね」と会った人誰もが思う。例えば、女優の夏木マリやアメリカ大統領夫人のミシェル・オバマ。そんな雰囲気が「ナイス&カジュアル」。

今の時代の50代の私たちのおしゃれに欠かせない雰囲気だと思います。

「若作り」と「若々しさ」は違います

「ナイス&カジュアル」と言っても、ちょっと抽象的なので、わかりやすくするために「イタいカジュアル」についてもお話ししておきましょう。カジュアルであれば若く見える、と思っている人がいるかもしれませんが、それは危険な勘違いです。

たまに街で双子のように同じ格好をしている母親と娘を見かけませんか？　母親は40代から50歳前後。娘は10代から20歳前後。50歳前後の母親が「かわいいし、今年の流行だし、サイズ的にも入っちゃうし」と、20代が着るようなカジュアルな服を着ても若々しくは見えません。それは若々しいのではなく、無理のある「若作り」。他人が見たら「イタい」以外の何ものでもありません。本物の若者と同じものを着ることで、かえって、年齢差が際立ってしまうのです。

もちろん、若々しくありたいという、50代の女性の気持ちは私もよくわかります。

だからこそ言いたいのは、無理な「若作り」ではなく、大人ならではの計算されたカジュアルスタイルで「若々しさ」を目指しましょうということ。

「若々しさ」は、気持ちによる部分も大きいものです。

「昔はよかった」「あのころの自分に戻りたい」と過去にしがみついたその時点で、既に「今の時代」に遅れをとっているのです。「これが常識だから」と古いルールに縛られたままでは、「今の現実」に気がつくはずもありません。

今という時代の中で、今、この年齢になった自分を楽しみながらいきいきと生きる。「若々しい」というのは、そういうことです。

実際、50代で、若々しく「ナイス&カジュアル」なおしゃれをしている人と話をすると、みんな、「今を楽しんでいる人」たちばかり。そんなサンプルをたくさん見ているから、私は「若々しさはその人の気持ちで決まる」と確信を持って言えるのです。

×××××××

脱！「昭和おしゃれルール」。これからはワードローブ「オールスタメン主義」

今、50代の私たちは、おしゃれに目覚めた頃からファッション雑誌が当たり前のものとして、世の中にあった世代です。

「アンアン」「ノンノ」「mc《エムシー》シスター」「JJ《ジェイジェイ》」「モア」……、愛読していた雑誌は人によって違うと思いますが、かなり真面目にファッションを学び、研究し尽くした私たちです。

「体型克服テーマ」や、少ない服でも毎日違う着こなしができる「1か月コーディネイト」などを読み込んで、それなりに自分でコーディネイトの技も身につけたはず。

それなのに、今、着るものに困っているのはなぜなのか？

若い頃から大量に服を買い、あれこれ試してきたおしゃれ上級者のはずなのに、なぜ、今、似合う服が選べないのか？

納得いかない話ですよね。

でも、それは未だに若い頃ファッション誌で学習した、古いルールに縛られているからなんです。なまじ、真面目に学んでしまったために、そこから抜け出せない。

それを私は「昭和おしゃれルールの罠《わな》」と呼んでいます。

中でも、最も縛りの強い「罠」とも言えるのが「1か月コーディネイト」。「これだけの服と小物で、ほら、こんなふうに着回せば、1か月、毎日、違う格好ができますよ」という特集、記憶にありますよね。やればあたる人気のページで、どの雑誌も毎号のように特集を組んでいたものです。

確かに、着回しのきく服は重宝するし、コーディネイトを考えることはおしゃれのレッスンにもなる。

その一方、「1か月コーディネイト」によって私たちは、「毎日、違う格好をして会社や学校へ行く人がおしゃれ。毎日同じ服を着ていてはいけない」という刷り込みを受けたんです。

だけど、50代になった今、冷静になって考えて、毎日違う格好で出かける必要ってありますか？

会社員として、毎日出勤している人。週に何度かパートタイムで働いている人。

専業主婦で買い物や稽古事や人付き合いなどの用事のある時に外出する人。

出かける先や頻度は人によってそれぞれですが、出かけるたびに、毎回違うコーディネイトである必要はないですよね。

なのに、「同じ格好だと恥ずかしい」という固定観念に縛られて、無理に組み合わせてスタイリングのバリエーションを作ろうとする。

強引に昨日とは違うコーディネイトにしようとするから、必ず「イタい」組み合わせができてしまう。それが「罠」なんです。

1週間のうちに同じスタイリングが2、3回あろうが、友人と会う時、前に会った時とまた同じ服で会おうが、その格好があなたに似合っていて、あなたを素敵に見せるのなら全くOK！

同じ服を着ていることがかっこ悪いとか、恥ずかしいというのは古い思い込みにすぎないんです。

「でも、いつも違うものを着た方が楽しいし、おしゃれな気がする……」

と、まだ頑《かたく》なに信じ込んでいるあなた、本当に、本当にそうですか？

毎回、出かける前に着るものがないと困り果てて、山のようにある服の中から、なんとか組み合わせてはみたものの、今イチ納得できない洋服のまま1日をすごすのと、「これは我ながら、なかなか素敵に見える」というコーディネイトで、自分なりに自信を持って1日をすごすのとでは、どっちがいいでしょう？

答えは明らかですよね。

毎日、違う格好をする必要なんてないんです。

中途半端なコーディネイトを増やすより、自信のあるものを〝ヘビーローテーション〟で着る！　だから、持つべき服は、登場頻度の高い〝スタメン服〟のみ！

これが、これからの50代のおしゃれの「王道ルール」なのです。

2章

クロゼット見直し編

目指せ！ ワードローブの
オールスタメン主義

Manifesto

自分の着たい服が
わからなくなったら
「靴」に聞け

似合うか似合わないかは
「胸」が決める

出番のない
死蔵品たちとは
納得して別れる

服を大量に持っていることが最大の〝敗因〟

50代からのおしゃれの心がまえはわかった。さぁ、今の自分に似合うものを買いに行こう！　と言いたいところですが、その前に、まだやることがあります。それはクロゼットを見直すこと。それをしないまま買い物をしても、「おしゃれ元年」にはならないのです。

ところでみなさんは、自分が今、どのくらいの量の洋服を持っているか、真剣に考えたことがあるでしょうか？

私の読みでは、50代の女性のほとんどの人が、少なく見積もって100kg＝0・1t《トン》の服を持っていると思います。

スーツケースひとつパンパンに入れて30kg、それが4個で120kg。いや、そんな程度では済まない、もっと持っているはず。

私だって人のことは言えません。職業柄、普通の人の3倍速ぐらいで服は増量し続けてきました。

十数年ほど前に、実家を出て、1LDKのマンションに引っ越した時、引っ越し先には極小クロゼットしかないということもあって、大量の服（大型ラック10本分ぐらい。笑）を処分しました。

ところが、その後、知らないうちにリバウンド。またしても服は増え続けました。

引っ越しから3年ぐらいたったある時、私は気がつきました。この大量の服が「敗因」ではないかと。

洋服が大量にありすぎるから、必要な服を発掘できず、しょうがないので手前にある服を適当に着てしまう。大量の服があるから、過去の変な服を着てしまう。「あー、今日着たかった丸首のニットが見つからない！　Vネック、ちょっと違うよね、衿《えり》の開きも古い感じだし。でもまあ、以前似合っていたし、好きで買ったんだからいいよね？」などと言い訳しながら外出して、スタイリストであるにもかかわらず、自分のコーディネイトの完成度の低さに1日中不機嫌。ひどい時には「ユニクロ」か「ZARA《ザラ》」に駆け込んで丸首のニットを買い、着替える始末。完全に「負け」です。

クロゼットに大量にある服のほとんどは、今は着ていない服。つまり、なくてもいい服なのかも……。そう気がついてゾッとしました。

あなたのクロゼットは、今、どんな状態ですか？　ギュウギュウに洋服が詰まっていませんか？　青春時代にセールで買い漁《あさ》ったＤＣブランドの服など大量に死蔵されていませんか？

もしそうなら、私と同じく、それがあなたの「敗因」です。

×××××××

まずは「残す服」と「処分する服」を仕分ける。仕分けの基準は「靴」

では、クロゼットにあふれている大量の服をどうするか。

残す服と処分する服に仕分けることが、最初に必要かつ最も大事なことです。

ところが、この「仕分け」が難しいという声をたくさんの方から聞きます。

これは必要、これはいらないとはっきり判断できないものの方が多い。

「それがわかっていたら苦労はしない。いったい自分は何を着たいのかがわからない。とりあえず持っている服は捨てずに全部とっておいて、さらに新しい服も買うから、こんなことになってしまったのよ」。そんな嘆きの声も聞きます。

大丈夫。ファッションの迷路に迷い込んでしまった50代は、あなただけではありません。

あなたがもし、今、自分の好きなテイストを見失い、自分がどんな格好をしたいのかわからなくなっているとしたら、まず自分の好きな靴やよく履いている靴を見てみましょう。

自分の好みはしっかりわかっているという人も、同じです。

靴には、その人の好みと「ファッションの目的」（この靴でどこに何をしに出かけるのか）が紛れもなく表れるからです。

一番よく履いている靴が、今の自分に合っていて必要なファッション傾向を示してくれています。迷った時は、靴に聞け！　というわけです。

靴を見ると、トラッド好きとか、コンサバ好き、スポーティ好き、ロマンチック好きなど、自分の見失っているテイストが浮かび上がってきます。

これを基準にすれば、残すべき服と処分すべき服の区別がつくのです。

そして、歩きやすい快適な靴に合う洋服を組み合わせれば、自然と今のあなたの生活の中で登場頻度が高い、スタメンだけのコーディネイトが出来上がるというわけです。

×××××××

靴のタイプからわかる、あなたにおすすめのファッション

具体的に、靴のタイプ別に、おすすめのファッションを説明します。

＊よく履く靴――バレエシューズ

［おすすめのファッション］ちょっとロマンチック

バレエシューズのように、先が丸くてほとんどヒールの高さがないフラットシューズを一番よく履くという人は、どこかロマンチック好きな人。

膝丈ワンピースはもちろん、ギャザーのフルレングスカートなど、フェミニンなボトムを選べば無理なく着こなせます。

カジュアルなパンツスタイルの時は、トップスにどこか少しだけレースやフリルをあしらった甘いディテールのあるものを合わせるとバレエシューズの雰囲気とうまくバランスがとれます。

足首をロールアップしてはくボーイフレンドデニム、足首が見える9分丈のパ

ンツなど、足首見せボトム+バレエシューズの組み合わせは、ヘビロテ間違いなしの鉄板コーディネイトです。

＊よく履く靴――スニーカー

[おすすめのファッション] スポーティカジュアル

一番よく履く靴がスニーカーということは、あなたは生活の中で歩き回る時間が多く活動的なタイプなのでしょう。洋服も動きやすく、スポーティなものが多いのでは。

とは言え、スニーカーだからジャージに合わせなければいけないわけではありません。逆に全身スポーティなアイテムで揃《そろ》えないことが、今どきのおしゃれのポイント。トップスがジップアップパーカでもボトムはフェミニンなロングスカートを合わせるなどの、ミックスコーディネイトがおすすめです。

ちなみに、私たちスタイリストは歩き回ることも仕事なので、スニーカー愛用者が多く、それぞれのスタイルに合わせて履きこなす姿はとても参考になります。例えば、コットンの膝丈プリントワンピースに素足で白のハイカットの「コンバース」を合わせたり、これは荒技ですが、スーツに細身のスニーカーが人気の

「パトリック」のヘビ柄のシンプルなスニーカーだったり。

昔に比べると、自由にミックスコーディネイトを楽しめる今、スニーカーは意外にも万能選手です。

先が丸い面ファスナーつきの運動靴を履くなんて10年早い。「パトリック」や「ナイキ」には細身でも低反発中敷を内蔵したものなど、スタイリッシュで歩きやすいタイプがありますから、履き心地とおしゃれを両立できるものを選んで楽しんでください。

*よく履く靴――ローファーやレースアップシューズ

[おすすめのファッション] トラッドタイプ

誰でも学生時代に散々お世話になったトラッドシューズ。コインローファー、いわゆる〝紐靴《ひもぐつ》〟のレースアップシューズ、タッセルのついたスリッポンなどもこの仲間です。

この手のトラッドな靴を一番よく履くという人は、ファッションもやはりトラッドテイストのものが好きで、落ち着くのだと思います。

50代でもトラッドって大丈夫？　と思うかもしれませんが、全く大丈夫。むしろ、今またトレンドアイテムとして戻って参りました！　トレンドアイテムだから、コーディネイト力も最強。何にでも合わせられます。

ストレートデニムとも相性抜群、黒いタイツを合わせれば膝丈スカートやワンピースもOK。

トップスにサックスブルーや白のオックスフォードのボタンダウンシャツやブレザーなどを合わせた王道のコーディネイトはもちろん、トラッド以外のアイテムとコーディネイトしても全く違和感はありません。例えば、足首がチラッと見える9分丈の黒のリラックスパンツにトラッドシューズといった組み合わせは、かえって大人っぽく決まります。トレンドのアイテムを履きなれたベーシックなトラッド靴が緩和してくれるのです。

かく言う私自身も、「トッズ」の黒のコインローファーにハマっている最中で、ほとんど毎日のように履いているところです。

××××××

定番の黒パンプスのつま先の形で ファッション傾向がわかる

なんだかんだ言っても、一番よく履くのはプレーンな黒のパンプス、という人も多いことでしょう。会社勤めをしている人はもちろん、専業主婦の人も付き合いや行事などでお出かけといえば黒のパンプス。人によっては何足も持っているという方も多いのではないでしょうか。ここにもあなたがファッションの迷路から抜け出すヒントがあります。

黒のパンプスはヒールの高さではなく、つま先の形でファッションテイストが分かれます。あなたが一番よく履く黒のパンプスは次のうちのどれですか？

＊パンプスの先が尖《とが》っている
［ファッション傾向］ トレンドエッジィスタイル

つま先が尖っているデザイン（ポインテッドトウ）はトレンド性の高いタイプ。それを好んで履く人は、流行に敏感でおしゃれもこなれている人。ただし、50代になると昔のようにハイヒールで長時間歩けないのが悩みでしょう。

最近ではこういったデザインでも、中寸《ちゅうずん》（7㎝）やローヒール（3㎝）のパンプスもたくさん出てきています。外反母趾《がいはんぼし》など、足にトラブルのある人以外はトライしてみてもいいのでは？

洗練された雰囲気が持ち味なので、カジュアルなデニムスタイルもおしゃれに着こなせます。このトウなら、ローヒールでも足元がグッと大人っぽくセクシーになります。パンツに合わせるなら、裾をロールアップしたり、短めの丈を選ぶなど、足首が見える着こなしがおすすめ。

＊パンプスの先が丸い

［ファッション傾向］クラシック

トウが丸いパンプスは、古いフランス映画の女優の雰囲気でまとめると素敵です。コンサバなイメージというより、「あえてレトロ」という着こなしがおすすめです。フレアのスカートとボレロ丈のカーディガンなどの組み合わせでクラシックにまとめてみて。

*パンプスの先がスクエアかプレーンな丸み
[ファッション傾向] コンサバ

毎日の通勤から冠婚葬祭まで、どんなシーンにも無難にハマるのがこのタイプのパンプス。この靴を一番よく履くという人は、洋服もきちんとしたコンサバなスタイルが一番活用度の高い服になるでしょう。

ただし、こういったコンサバスタイルのパンプスも、合わせ方によってはかなりおしゃれになります。ポイントはスカートから見える、脚の〝素足感〟。膝が隠れるくらいの黒のワンピースに素足、または、素足に見えるストッキングでプレーンな黒パンプスを履けば、「ひと味違った大人のおしゃれさん」の出来上がりです。

ちなみに、黒の他にもう1足買うとしたらすべてのパンプスでベージュ系の色もおすすめ。脚と繋《つな》がって見える脚長効果が期待できます。また、プリントや難しい色の服にも合います。1足持っていると、いざという時安心の、靴の〝スタメン〟になってくれます。

「上品な胸」と「ゴージャスな胸」。体型は胸で決まります

体型というと、脚やお腹や下半身を気にする人が多いようですが、人と会った時、あなたは相手のどこを見ますか？　まず顔、そして上半身ではないでしょうか。多くの人がコンプレックスにしている下半身を見る人はそういないのではないかと思います。人の第一印象は、顔と上半身で決まるのです。

そこで、コレはあくまでも私の持論ですが、年齢に関係なく、本来女性の体型は胸の大きさでふたつのタイプに分けるべきなのです。

「上品な胸」と「ゴージャスな胸」です。これは太っていようと、痩せていようと関係ありません。とにかく胸の大きさで似合う服が決まる。

この衝撃の事実に気がついたのは、数年前でした。同じ年齢の編集者（上品な胸）と私（ゴージャスな胸）で、似合うものが思いっきり違うのです。

最初は背の高さ？　体重？　と思っていたのですが、他の人たちやモデルを観察してみた結果、「どうやら胸の大きさで決まるらしい」という仮説は、「間違い

ない。この法則はみんなにあてはまる。胸の大きさで決まるんだ！」という確信に変わりました。

特に、ジャケットやブラウスなど、トップスを選ぶ場合、決定的なポイントになります。「上品な胸」の人と「ゴージャスな胸」の人では、同じトップスを着た時に、着丈が5㎝は上下するため、バランスが全く違ってしまうのです。その結果、この2タイプでは、相手が似合うものは自分が似合わなくて、自分が似合うものは相手が苦手。それぞれ、似合うトップスが大きく違ってくるというわけです。

言い換えると、「自分には何が似合うか」「自分は何を着ればきれいに見えるか」がわからなくなった時、「胸で決める」という方法を知っていれば、迷走せずに済むというわけです。

「胸」を基準にすれば、手元に大量にあるジャケット、カットソーやニット、ブラウスやシャツの中から、「残すべきもの」を仕分けることが簡単にできます。

では、具体的に胸のタイプ別に、着こなし方のポイントと注意点を考えてみましょう。

*「上品な胸」タイプ

胸のボリュームが少なく、上半身が薄め。イメージとしては、身長の高い人ならモデルのケイト・モス、女優ならジェーン・バーキンなど。身長が低い場合は、華奢《きゃしゃ》な印象の人です。

[似合うもの]

テーラードジャケットを辛口に着こなせるのはこのタイプ。上品な胸を逆手《さかて》にとったおしゃれが楽しめます。パリコレに出てくるような、ちょっとマスキュリン（男前なスタイル）な着こなしに挑戦してもいいでしょう。

トップスなら、胸元にフリルやボウタイなど華やかなディテールをあしらったものをおすすめします。マスキュリンとは正反対の、こういった甘めのものが似合うのは、実は「上品な胸」タイプなのです。何しろ土台がシンプルなスポンジケーキですから、いろいろと盛ったり重ねたりし放題。ボリュームのある飾りが、小さな胸をカバーしてくれます。体型的に若い子向けのマルキューブランド（渋谷の109に入っているようなブランドのこと）も着こなせますが、「イタい若作りおばさん」にならないようにくれぐれも注意は必要です。

甘口エレガントなジャケットスタイルにしたいなら、ボウタイブラウスにノーカラーのジャケットが素敵です。色味も一般的に膨張色と言われる、薄いピンクやベージュなども似合います。

ボタンダウンのシャツや胸元がつまったVネックセーターなどトラッドなスタイルも若々しく着こなせます。

［避けた方がいいもの］

衿開きの深いニットやカットソーは胸元が浮きやすく、たとえサイズが合っていても、前かがみになった時に下着や肌が見えるので避けた方が無難。ぴったりしたシルエットのものもフラットな胸が強調されます。「私、男前だから」と開き直れない人はやめることをおすすめします。

着物のように巻きつけて着るラップドレスはフェミニンなアイテムとして人気ですが、海外ブランドのものは、胸の開きが深かったり、胸元が浮いたりして失敗しがち。パターンが日本人向けに調整してある国産ブランドのものがおすすめです。

＊「ゴージャスな胸」タイプ

モデルで言えばジゼル（ちょっと前のブラジル人のスーパーモデル）、女優ならブリジット・バルドーなどです。思いっきり生クリームてんこ盛りのショートケーキのような体型ですから、そのゴージャスなシルエットを生かして余計なことはしないのがポイントです。

若い頃から「胸が大きくていいわね」と人からうらやましがられることも多いですが、デメリットもあります。私の体験では、同じ体重でも胸が大きいというだけで、ちょっと太って見えるので、すっきり見えるようにコーディネイトに気を使うことがポイントになります。

［似合うもの］

シンプルなドレスなら、胸の下で切り替えがある、エンパイアドレス（19世紀フランスで皇帝ナポレオンの妃《きさき》ジョゼフィーヌが着ていたようなドレス）がおすすめ。ラップドレスなど適度に胸の開きが深いものも似合います。

ニットはタートルネックか、深く開いたVネックがおすすめ。

一般的にイタリアマダム系ブランドの服は、胸がゴージャスな人向けにパターンができていますので、ハイブランドでなくても試す価値はあります。

胸のボリュームを隠すために私がよく使うストールの技もご紹介しておきます。シンプルなトップスの上に、長めのストールをひと巻き。両端をアンバランスに垂らします。縦のラインを作り、胸の面積を分断して目をくらますとっておきの技です。

［避けた方がいいもの］

ワンピースの中で、サックドレスのようなウエストに切り替えのないストンとしたシルエットのものは胸が邪魔してきれいに着こなせないので、避けたほうが無難。

トップスなら胸元にフリルやリボンのついたもの。これを「ゴージャスな胸」の人が着ると、立派な土台の上にさらにボリュームが増すため、「おっぱいお化け」になってしまうので要注意。まるでショートケーキの上に、餡《あん》を盛り上げるようなものです。

ジャケット、ダウン、コートなどは胸のサイズに合わせて選ぶと、肩が大きすぎて素敵に見えないことがあります。胸と肩、両方のサイズが合わない場合は、思い切ってあきらめてください。特に、アウターは目立つものなので、妥協せず、サイズ感に厳しくなって、ぴったりのものを見つけた時に限り買ってください。

ニットで避けた方がよいのは、太いリブ編みのニットとオフタートルネック。

太いリブ編みは、胸のところでリブが広がり、胸の大きさが強調されます。オフタートルは下がったタートル部分が胸に覆い被《かぶ》さって、胸のボリューム倍増。すごく太って見える場合があります。

アクセサリーでは、ロングネックレスが要注意です。「縦線強調でスタイルアップ！」の代名詞のようなこのアイテムですが、「ゴージャスな胸」タイプには禁じ手。大きな胸の谷間にネックレスが埋もれたり、胸に引っかかったりして、悲惨なことになります。

×××××××

「コレ、捨てられないんですけど病」の治療方法

さて、靴と胸を基準にして、今持っている洋服をチェックしたら、残すものと不要なものが見えてきましたよね。

目安としては、「8割は手持ちの服から。2割は新しく手に入れるもの」で、これからのスタメンワードローブを構成するというイメージです。

クロゼットに収まる量になりそうですか？

自分が何を持っているか把握できて、管理できる量になりますか？

とてもじゃないけど、まだまだ洋服の量が多くて、クロゼットに収まりきらない、という人も多いと思います。

たぶん、あなたは「コレ、捨てられないんですけど病」です。

実は私自身、断捨離《だんしゃり》続行のさなか、この病気が発病して困った経験があります。

着てみるとちょっと違うかな？　と思う。だけど、捨てられない……。

なぜ捨てられないんだろうかと、私はその理由をとことん考えてみました。

「捨てられないもの」は、どれも買った時の思い入れがあるものばかり。それなりの理由があることがわかってくると、対処方法が見えてきました。

［捨てられない理由］を自覚する

⬇

［捨てないことのマイナス点］を自覚する

⬇

［納得のいく別れ方］を考えて実行に移す

こんなふうに筋道を立てて、考えて実行すれば、「コレ、捨てられないんですけど病」は克服できるのではないか。

以下がクロゼットの大量の服と格闘しながら、私がつかんだ捨てるコツです。

＊お気に入りだった洋服

［捨てられない理由］

気に入って何度も着用したものには愛着がある。でも、いくら大事に使っていても、毛玉ができたり、すり切れたりとなんだかみすぼらしい。かわいそうな姿になっていてとても人前には着て行けない。でも、「好きだから部屋着にしよう」と、取っておく。

［捨てないことのマイナス点］

部屋着がどんどん増える。収納スペースをとる。

部屋着にしたのに、つい「ちょっとそこまでだから、いいか」と着て、出かけてしまい後悔する。服があるから、着てしまう。

自宅での部屋着とはいえ、着古した感じの服の上にノーメイクの疲れた顔が乗るから、ふと、洗面台で鏡を見た時にゾッとする。

［納得のいく別れ方］

部屋着はそんなにたくさん必要ない。数着だけ残して、部屋着として着倒す。次に部屋着に「降格」させるものが出てきたタイミングで、古い部屋着は捨てる。これで部屋着の増殖を防ぐことができる。

＊ブランドもの

［捨てられない理由］

「取っておけばまた流行は繰り返すから」「高かったから」などと未練がましく取っておく。手持ちのブランドものは、今やヴィンテージとしての価値もあるので、他の服とは違うから捨てられない。

[捨てないことのマイナス点]

次に流行が巡ってくるとして、自分は何歳？「流行は繰り返す」といっても、それが似合うのは若い娘《こ》だけ。「今」の顔が乗るから昔の服も流行のスタイルに見える。ヴィンテージの服にヴィンテージの顔が乗ったら、それはもうホラー映画。いくら高価なものでも、あなたにとってマイナスになるだけ。コートやジャケットなど、かさばるものはなおのこと。捨てないことで、収納スペースをとるばかり。

[納得のいく別れ方]

自分はもう若返ることはないのだから、昔のブランドものは、若い人が欲しがるものであれば譲る。あるいはチャリティバザーなどに寄付。

他の人の役に立ったり、若い人にかっこいいヴィンテージとして活用されれば服もうれしいはず。

*（ブランドものではないけど）値段の高かったもの

［捨てられない理由］

ブランドものではないけど、カシミア、シルクなど高級素材のものも、なんとなくもったいなくて捨てられない。例えば、10年前に買ったタートルネックのカシミアセーター。セーター1枚にしては高いお金を出して買ったから捨てられない。

［捨てないことのマイナス点］

今年、「ZARA」や「ユニクロ」でタートルネックセーターを買わなかったか？　もし買ったのなら、高かった古いタートルと「ユニクロ」のタートル、どっちをよく着てる？「ユニクロ」の方だったとしたら、古いタートルの役割はもう終わっている。同じようなタートルを何枚も持っていると紛らわしい。第一、探す手間がかかる。

カシミア、シルクなど高級素材はクリーニング代もかかるので、着る回数が少ない上に、持っているだけで管理にお金がかかり不経済では？

［納得のいく別れ方］

たとえその当時、高価だったとしても、高級素材の服だったとしても、今の私を素敵に見せてはくれないものはもう必要ない。

捨てずに持っていた服を処分するのは、愛がさめた恋人と別れるのに似ているかもしれない。「今までありがとう。さよなら」と、きれいに別れるべし。処分方法はブランドものと同様に。

＊新品同様のもの

［捨てられない理由］

あまり着ていない、または、下手をするとセールで買って値札つけっぱなしのまま忘れて死蔵していた洋服たち。ほとんど新品だから、もったいなくて捨てられない。

なんだかピンとこないので着る気にはなれないけど、見た目はきれいなので、捨てる理由が見つからない。そのうち着るかもしれないし、痩せたら着るかもしれないし、と思って、いつまでも持ち続けている。

［捨てないことのマイナス点］

今の自分に似合う素敵な服と同じクロゼットに収まっているため、服を選ぶ邪魔をする。はっきりいって、厄介もの。

［納得のいく別れ方］

今、ピンとこなくて着る気にもなれない服が、今後、素敵な服になることがあるだろうか？　痩せた時に着るというけど、それはいつのことなのだろうか？　もし、実際、痩せたとしたら、その時こそ、新しい、ぴったりのサイズのものを買うべきでは？　わざわざ流行遅れのものを着ることはない。

新品同様の捨てられない洋服は、今すぐリサイクルショップに持っていき、そのお金で素敵なランチでも食べた方がいい。

＊靴

［捨てられない理由］

履きやすい靴は貴重な上、よく履くので傷みが激しい。何度もかかとを替え、手入れをしながら履き続けたけれど、さすがに見た目もくたびれた。でも、履きやすいから捨てられない。この靴と同じくらい履きやすい靴を他に持ってないから、捨てられない。

履くと痛い靴も捨てられない。なぜなら、ほとんど履いてないので新品同様だから。

[捨てないことのマイナス点]

履き古して傷んだ靴を履いて出かけると、歩くのは楽だけど、気分は下がる。新しい靴を買っても、痛いとすぐ履かなくなるので、たとえ新品同様でも捨てない限り、増殖する一方。履けない靴の山ができる。

[納得のいく別れ方]

新しい靴を買いに行く時、お気に入りの履きつぶした靴で行く。そして、新しい靴を買ったら、古い靴は靴売り場で処分してもらって、新しい靴で帰る。そうでもしないと捨てられない。古い靴を、「雨の日用に」などと未練がましく家に連れて帰ってはいけない。きっぱり、ここで別れる。

ほとんど履いていない靴は、たまに履いてみるとやっぱり足が痛くて頭痛までしてくる。その時こそ、その頭痛や靴擦《くつず》れを怒りのパワーに変え、帰宅したらすぐに捨てる！

捨てグセのつけ方。タイツから始めよう！

××××××××

「コレ、捨てられないんですけど病」には、実はとっておきの治療法があります。捨てられないのは、もったいない、いつか着るかも、などの思い込みで捨てられないというだけでなく、単純に、捨て慣れていないから捨てるタイミングがわからないということもあります。

コツさえつかめば、「コレ、捨てていいよね」と判断できるようになります。その積み重ねで、最小限のものしか入っていない究極のクロゼットが実現するのだと思います。捨て慣れていない人には、「怒りのパワー利用作戦」をおすすめします。そして、ストッキングやタイツから始めてみてください。

出かける前に、タイツをはく時、ギャッ、かかとが薄くなってる！　あ〜、違うタイツにはき直したら、こっちのタイツは毛玉ができている！　急いでいるのに、こんな時に限って、ろくなタイツが見つからない。キーッ!!

こういうこと、ありますよね。この時の怒りにまかせて、すぐにその場でゴミ箱に捨てるんです！　ＮＧを出した、かかとが薄くなってるタイツと、毛玉のできてるタイツを捨てるタイミングは、まさにこの時なんです。

この時に、「自宅用にしよう」とか、「ブーツの時なら、まだはけるかも」と、再び元の場所に収納したら、負け！　元の場所に戻せば、また、「ギャッ！　毛玉のタイツ！」ということを繰り返すことになりますから。

今、捨ててしまえば、次から、外出前の忙しい時に、ハズレのタイツを引くことはなくなる。ほんのちょっとしたことですけど、どれだけ、心に安らぎが生まれることか。

タイツの断捨離ができれば、次はＴシャツの断捨離ができます。そうして、捨てるコツと、捨てた後の清々《すがすが》しさを覚えたら、クロゼットの片付けは、やめろと言われても止まらなくなるはずです。

××××××××

「思い出箱」に数年寝かせて、箱を開けずにさようなら

それでも、どうしても捨てられないというものがあります。

服や小物には、ひとつずつ買った時の思い出やストーリーがあるからです。「あっコレ、初めてボーナスもらった時に買ったバッグだ」とか「このワンピース着てよくデートやパーティに行ったよね」など。

でも、それは過去の栄光。すぎた日の美しい思い出。

自慢のバッグはブランドもので上質だけれども、ほんとに重い。あの頃はどうして持てたのかしら？　そりゃ、若くて、体力と気力があったからね。今となっては、1日中なんてとてもじゃないけど、持って歩けない。

着た途端にお姫様のように素敵な気分になれた〝勝負ワンピース〟。これにもお世話になった。でも、今、着てみたらまるでコスプレ。

今はもう必要のないものだとわかっているけど、どうしても気持ち的に捨てられない。そういうものは無理に捨てなくてもいいと思います。

私は、それらはまとめて「思い出箱」と名付けた段ボール箱につめることにしました。そして、1、2年、中の洋服を思い出しもせず、着ないですごすことができたら、中を見ずに、捨てるか寄付する。そうすることに決めました。中を見なければ、案外、あっさり処分できます。箱を開けたら最後。浦島太郎の竜宮城土産の玉手箱のように、中から過去の思い出がまたもやムクムク出てきて、あっという間にとりつかれてしまいます。

そうまでしないと捨てられないものがあるのも、50代の現実なのです。

実際、私はそうやって捨てたもので「あれがあれば……」と後悔しているものはほとんどありません。人間はメモリーの量に限りがあるので、思い出すこともあまりないのです（笑）。

××××××××

「一生もの」に縛られず、今、素敵に見えるものを残す

どうしても捨てられないものに、「一生もの」があるのではないでしょうか。

私たちの世代で、雑誌からファッションを学び、「世界の名品」と言われたバッグやコートをいくつか持っている人は多いと思います。若い頃、ボーナスが出るたびに雑誌に出ていた「一生もの」を買っていた人も少なくないことでしょう。

例えば三つ星レストランやパリの高級ホテルに入る時でも恥ずかしくない、カシミアのコートなど、それらは、身につけただけでちょっと立派な大人に見える魔法の品々でした。

ところで、「一生もの」と思っていたそのカシミアのコート、今も着てますか？　たぶん着てないと思います。いくら、「永遠の名品」「時代が変わっても通用するのが、一流の中の一流」と言われたコートだったとしても、20年以上も前に着ていたものが今も似合うということは、ほとんどないと思います。

若い頃は、少しお姉さんに見えるくらいのものを着た方が、粋で素敵だったり

しています。そして、その20代に、「一生もの」を着続ける自分として想像していた未来の自分は、たぶん、40歳ぐらいです。ひと回り上くらいの年齢が、ちょっと背伸びして「未来の素敵な大人の自分」を夢見るには、ちょうどいいんです。けれど、今、私たちは嫌でも50代。十分すぎるくらい「お姉さん」で、かつて想像していた「40歳ぐらいの大人の女性」を軽く超えた年齢になってしまいました。

若い時には40歳より先なんて思い浮かばなかったんですね。まさか、自分が50歳になるなんて、想像もしなかった。若さとはそういうもの。

20代、30代の頃の私たちは、「ずっと大切に、長く使うつもり」のものを「一生もの」と呼んでいたにすぎないんです。

クロゼットの根本的なリセットのためには、過去に「一生もの」と思って買ったものが、もう「一生もの」ではなくなったことを認める必要があるのです。

では、これから「一生もの」を買うことについてはどうでしょうか？

今でも高価なものを買う時、つい、「一生ものだから」と自分を納得させて、思い切って買うという方もいらっしゃるのではないでしょうか。

でも、よく考えてみてください。50代の私たちの「一生もの」とは、60歳、70

歳になっても似合うものということ。そんなおばあちゃんに似合うものを今から着たり、持ったりするのなんて、私は嫌です。何も、今から自分から進んでおばあちゃんの格好なんてしたくない。

だから、私は、高価なものを張り込んで買う時に、「一生もの」なんて考えないことにしました。例えば、今年、私がＮＹ《ニューヨーク》コレクションの大人気ブランド「フィリップリム」の革のライダースジャケットを買ったとします。それは、「フィリップリム」のライダースが今の私に似合うから買ったのであって、「一生もの」だからではない。

20年後も、そのライダースが似合うロックなババアになれていたら、それはそれで素敵なことだと思います。気がついたら、「これ20年着ちゃったな」ということになっていて、結果として、その時こそ、ライダースは私の「一生もの」になっている。

真の「一生もの」とは、そんなふうに後から気がつくものなんじゃないかと思います。

クロゼットを整理する時も、「一生もの」なんて考えない方がいいと思います。「一生もの」は、もう鍋だけでいいんです。

今は未来の自分がどんな生活を送っているか想像するのも難しい時代です。体型だって、痩せているかもしれないし、太っているかもしれない。髪の色が変われば、新たに似合うものが出てくるかもしれないんです。白髪になって紫に染めたりして（笑）、むしろ今まで「あり得ない！」と思っていたものが似合うかもしれないんですから。

今、自分を素敵に見せるものだけを残せ！　探せ！　それが基本です。

まめに手入れした名品とブランドバッグに限り「一生もの」もアリ

ただし、例外的な「一生もの」もあります。

スタイリスト仲間数人でおしゃべりをしていた時、「『一生もの』と思って買った服って、結局全然着てないよね」なんていう話をしていたら、私の尊敬する先輩スタイリストが「えっ？　私、着るわよ」とのこと。びっくりして理由をたずねると、「数年に1回、カシミアのコートとか全部お直しに出して、肩幅を直したり袖を細くしたりして今のトレンドに合わせてリフォームしているの」という答えが。

さすが、先輩、職業柄、トレンドに合わせた細かい指示は得意。

ここまで手をかけられるのなら「一生もの」もアリだと思いました。

ちなみに彼女は、服は厳選して数少なく持つ主義。ばんばん買っちゃう私とは正反対。数少なく絞っているからできる技でもあるのです。その上、まめなお手入れとセンスのよさがあってこその技。面倒くさがり屋の私には無理です。

こういった「一生もの」の服はめったにあり得ませんが、バッグだけは別。「シャネル」「グッチ」「ルイ・ヴィトン」「エルメス」など、老舗《しにせ》ブランドのバッグに限っては「一生もの」になるものもあります。

バッグ業界では、「ヘリテージ」（伝統、文化的遺産という意味）というかっこいい言葉の下、昔のスタイルが新たなトレンドとして、何年かごとに繰り返されることが多いのです。細部や色はリニューアルされますが、ほとんど昔の復刻版のような型がニューコレクションとして発表されるのです。街で若い娘が持っているブランドもののバッグを見て、「あら、私これにそっくりなの持っていたわ！　また、流行《はや》っているのかしら？」と思ったことありませんか？

そんなわけで老舗のバッグは一生ものになり得るので、大事に使ってください。ただし、昔のバッグを持つなら、服はある程度、今のものでなければ駄目です。全身昔のブランドの服で再武装したのでは、単なる「バブル生き残りのイタいおばさま」になってしまう可能性も。今の服に、バッグだけは昔手に入れた「一生もの」が正解です。

××××××

体力、気力のある50代でクロゼットをリセットすべし!

いらないものを整理することは、50代以降の人生を幸せにすることだ、と言っても大げさではない気がします。

服やアクセサリーを大量に持っていても幸せになれるわけではないからです。今、似合う服を適当な量、管理できるだけ持っていてこその幸せです。

足が痛くなる靴も、重いバッグも、今の自分には不必要。若い頃似合っていた華やかすぎるワンピースももういらない。

いらない服を思い切って処分することで、似合わない服をついつい着てしまうこともなくなるし、外出前の身じたくも短時間で済むようになります。

何よりも忘れてはならないのが、私たちは誰しもが年をとって、いずれは死んでいくということ。

死んだ後、大量に残った服はどうなると思います?　もちろん、何ひとつ、お墓にもあの世にも持っていけはしないのです。

最近、私は、続けて年上の知人ふたりの家に片付けに行く機会があり、つくづくそう思いました。

ふたりとも年齢は60代半ば。今と比べて物が手に入りにくい時代を生きた人たちです。けれど、ふたりのものの量は対照的でした。

知人Aの場合、子供が独立した後も、一軒家にひとりで暮らし続けました。一軒家には収納スペースがあるだけに、ものが捨てられない。ものがあふれている家は、いざという時に欲しいものが見つからない。いつも探しものをしていて、人生の時間の30％は探しものをしている感じでした。見つからないので、また買ってしまうことも多く、同じものが複数ありました。

知人Bの場合は一軒家を処分し、50代後半からワンルームマンションで暮らしています。生活用品すべてのものが厳選され、カップ&ソーサーは2セット、食器類も2個ずつ。来客があっても、それで十分こと足りるのだそうです。

クロゼットも余裕があり、何でもすぐに探し出せます。病気をして生活スタイルが変わってからも、もう必要としなくなったものはすぐに人に譲ったりしていました。

知人Aと知人B、どちらが自分の時間を有意義に使っているか言うまでもありません。

それにしても、ものを片付けるには、大変な体力と気力が必要。

今なら、私たちにはまだその両方があります。これから素敵な60代、70代を迎えるためにも、クロゼットのリセットをするなら、今がベストなタイミングなのです。

×××××××

服は人を輝かせ、やがて寿命がくる

服にも寿命があります。

これも私の持論なのですが、服が最初持っているパワーを、服を着ている私たちはどんどん吸い取っていく。だから私たちが素敵に見えるのです。一方、人に着られた服はパワーをどんどん失っていきます。

今まで似合っていた服が急に色あせて見える。服から裏切られた気持ちになる。それが服のパワーが尽きた時、寿命の時なのです。

激しく流行したものは、ある時を境に、ひと目で寿命が尽きたことがわかります。

厄介なのはベーシックものです。

ヘビロテしていたベーシックものが急に変なバランスに思える時があります。

去年は最高のバランスだと思えた黒いパンツが、どうにも変で耐えられない。

流行遅れという程ではないのに、時代や体型の変化で、全体のバランスや印象が微妙に変わってくるのです。

一見同じに見えても、服の形や袖の細さ、パンツの丈などは毎年微妙に変化しています。丸首セーター1枚とってみても、ちょっとした衿の開き具合や丈で、すごく古臭く見えたりするから不思議です。

去年のものならまだしも、4、5年前のものはなんだか違和感がある。ましてや10年前のものともなると、どうにも変で快適に着ることができない。

それが服の寿命です。

ベーシックな服はコンピューターに似ています。同じパソコンなのに、いつの間にか友人からのメールに添付されているファイルが開けなくなったり、お目当てのタレントのホームページの動画が見られなかったり、不便なことが生じます。ところが、パソコンをアップデートすると、新しいものの使い勝手のよさに驚《きょう》愕《がく》する。替えてみて初めて、前のものはもう寿命だったのだとわかる。「こんなことなら、早くアップデートしておけば、もっと、サクサク使えたのに」と思うでしょう。

ベーシックアイテムも、全くそれと同じです。まめに見直してアップデートすることが、あなたのおしゃれ環境を快適にするのです。

大量の服が収まっているクロゼットの整理は1日や2日では終わりません。でも、あきらめないで根気よく、残すものと手離すものを分けていってください。判断に迷った時は、「靴」と「胸」、そして「姿見」に聞き、そして、「寿命かどうか」を洋服にたずねてみる。

こうして、手持ちの服から、「今の自分に似合って、これから着るもの」だけを選《え》りすぐったら、いよいよ次は、「新しい2割の洋服」をスカウトしに行く時です。

3章

ショッピングの鉄則編

ストップ・ザ・
試着室での連敗

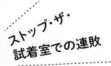

買い物は
1回、1回が
真剣勝負

試着は勇気。食わず嫌いは
もったいない！

Manifesto
××××××××××

買うか
どうかは
利用頻度で
決める

全員をきれいに見せる服はない。自分の服は自分で探して買うしかない

さぁ、いよいよショッピングです。何を買うべきか。

かつては試着室でホームラン続きだった私たちですが、久しぶりに服を買おうと試着室に入れば、今や惨敗続き。いったい、何を買えばいいのか途方にくれている方も多いことでしょう。

これだ！　と言えれば簡単ですが、この本を読んでくださっている方、おひとり、おひとり、生活スタイルも違えば、服を着て出かける先、会う相手や目的も違います。

私は、そんなみなさんをひとくくりにして、「50代はこれとこれを買えばいいんです！」と言うことはできません。

無責任な、というお声が聞こえてきそうですが、これが事実です。

「全員をきれいに見せる洋服」はどこにもない。それぞれが自分に合ったものを選んで着るしかないのです。

ただ、今どきの50代の女性の洋服選びのコツをお伝えすることはできます。そのコツを知れば、服の選び方と着こなし方が必ず変わります。

目指すのは、クロゼットを整理して厳選した服と、これから買う新しい服、その両方で構成されるオールスタメンのワードローブをヘビロテで着ることです。

オールスタメンですから、控え（死蔵品）はゼロです。

これでクロゼットの中には、コーディネイトに悩まず、出かける前の支度《したく》に時間がかからず、今の自分をきれいに見せてくれるワードローブだけが並ぶはずです。

そういう服を、あなた自身が見極めて買えるようになれることが、50代からのショッピングの目標なのです。

ここで再度、しつこいようですが、私は釘《くぎ》を刺しておきたい。

美容院でつい読むファッション誌の情報は鵜《う》呑《の》みにせず、あくまでも参考にとどめること。今までの〝ルールの罠〟に落ち込まず、かつ、冷静に幻想を振り払い、現実の自分に照準を合わせて服を選ぶこと。その姿勢を決して忘れないように！

×××××××

買い物は時間・体力・気力がある時限定！履き慣れた靴で行く

ショッピングに行く前に、覚悟をしていただきたいことがあります。50代の買い物は戦いです！

私たちは、クロゼットにあった大量の服に別れを告げ、それに代わる素敵な何かを探しに行くのです。「これいいかも」となんとなく買い物をしたのでは、また、着ない洋服が増えるだけ。もう、そんなことを繰り返すわけにはいきませんよね。なんといっても「おしゃれ元年」なんですから。

そこで、洋服を買いに行く時の鉄則を3つ。

1. 時間・体力・気力がある時に行く

2. 一番のヘビロテ靴で行く

3. メイクをして行く

とても当たり前のことのように思うかもしれませんが、忙しい50代は、実はそれができないことが多い。私自身もできていないことがあるので、あらためて3つの鉄則として掲げたいと思います。その理由は以下のとおりです。

1. 時間・体力・気力がある時に行く

時間に余裕がない時に買い物に行くと、パンツ1枚試着するのにも靴を脱ぐのが億劫《おっくう》。「いつもこのサイズだからコレでイイや」と横着して買ってしまいませんか？　それが失敗のもとなのです。

試着は体力もいります。風邪気味だったり腰痛だったりすると、脱いだり着たりを何度も繰り返すことなんてできませんから、体調のいい時に行くのも基本です。

仕事や人間関係で精神的なストレスがたまっている時の衝動買いも危険です。平常心でない時は、判断を誤る可能性があります。家に戻って冷静になり、実際に着てみてどこか違うと思っても、サイズ交換や返品に行く気力もなく、結局、その服は出番のないまま処分することになります。

2. 一番のヘビロテ靴で行く

本当に気に入ったものを見つけるまで買わないのだから、50代の買い物はとにかく歩き回ります。すぐ足が痛くなるような靴ではお話になりません。

そして、もうひとつ。50歳からは、「履ける靴」を基準にして服を選ぶことが大事だからです。

今、あなたが一番ヘビーローテーションで履いている靴、つまり、一番気に入っていて、一番歩きやすいもの。その靴に合う服がつまり、今のあなたに似合う服です。買った後、大活躍する服を確実に見つけるためには「靴」がポイントなのです。

服を買う前に、化粧品売り場に直行?!

×××××××

3. メイクをして行く

これについては、1章の「心がまえ編」で言ったことをもう一度言います。やっぱり「顔」は大事。

ファンデーションを厚塗りしている人。そのままのメイクでは、どんなに新しい服を試着しても、また鏡の前で敗北感を味わいます。

ノーメイクで疲れた顔の人。そのままで買い物に行っても、あなたがきれいに見える洋服は見つからず、完敗になるでしょう。

そんなこと言われても、どうやってメイクをすればいいのか、わからない。

そんなあなた、今すぐ、デパートの化粧品売り場に直行してみてください。

私が個人的におすすめするのは、「ボビイ ブラウン」「アディクション」など。このブランドに共通するのは、「ボビイ ブラウン」のボビイ、「アディクション」のAYAKOさん、作り手たちがいずれも私たちとほぼ同世代の女性であるということ。彼女たちは世界の第一線で活躍し、流行のメイクを提案しながらも、私たち50代が日常的に使える、優れたコスメアイテムを作り出してます。

試しに売り場でメイクを全部落とし、スッピンになって、一からやってもらってみてください。ひと通りメイクが終わって鏡を見たあなたは、そこに「新しい、イケてる若々しい顔の自分」を発見するはずです。

眉のカーブ、若い人のものだと敬遠していたグロス、フレッシュな色のチークで大変身できます。今のコスメの力は本当にすごい。「バック・トゥ・ザ昭和現象」を一気に食い止めて、私たちの顔を「平成の50代顔」にしてくれます。

今まで思い込んでいた自分の顔とあまりに違って、最初は戸惑うかもしれませんが、この新しい顔を手に入れたあなたに似合う服も、違ってくるはずです。

グロスひとつで「今な服」が似合う顔になる

化粧品売り場で手に入れた新しい平成顔をキープするために、化粧品売り場でメイクのポイントをよく聞いて、自分でできるようになればベスト。勧められた化粧品は全部買わなくてもかまいませんが、何かひとつは買ってみてください。私のおすすめはグロス。これひとつで、「今な服」が似合う顔にアップデートできます。

実はコレ、私が都内の某大手百貨店でパーソナルスタイリストとして、お客様の買い物のお手伝いをしていた時に発見して使った技。

同窓会に出席するため、ワンピースを探しにいらしたその方は、品のよい顔立ちのきれいな50代の奥様。ご要望をお聞きすると、どうやら少しだけスタイルを変え、若々しい感じで同窓会に向かいたいとのこと。

まず、私が思ったのは、「美人なのにお化粧がちょっとコンサバすぎてもったいないな」ということ。そこで、何枚かのワンピースと他のものをピックアップした後、化粧品売り場へ向かいました。

カウンターで眉を整え、グロスを塗ってもらいました。すると、ご本人が戸惑うくらい印象が変わり、すっかり若々しい顔に。その変化に私もびっくりした程です。

表情がいきいきと明るくなり、最初は尻ごみしていたワンピースも素敵に着こなし、大変ご満足いただきました。グロス1本の威力、侮れません。

××××××××

買い物に夫の同伴、邪魔なだけ！

50代の洋服の買い物は、ひとりで行くのが原則です。時間をかけて落ち着いて選ぶべきところを、他の人と一緒だと気が急《せ》いて、適当に決めてしまいがちだからです。

とはいえ、誰かと一緒のこともありますよね。家族や友達と出かけたついでに買い物することもあるし、人の意見を聞いてみたくて、買い物に付き合ってもらうこともあるでしょう。

この場合、まず、夫やパートナー同伴はやめましょう。彼らの身体からは「早くしろよ」オーラが出ています。

休日ともなると日本中の百貨店の婦人服売り場の試着室付近で、夫婦喧嘩《げんか》が繰り広げられているはずです。家庭の平和のためにも、夫婦同伴の買い物はやめておいた方が賢明でしょう。

では、同年代の同性の友人ならどうか？　同じ女性なので、服を見る目はあるはずだし、一緒の買い物は楽しいはず。と思ったら、大間違い。
自分「どう？　この服」
友人「うん。平気、平気」
自分「ほんとに？」
友人「大丈夫、大丈夫だよ」
こんなシーン、みなさんは何度も経験していると思います。あなた、友人の言葉に安心して、「じゃ、これにする」と、買ってませんか？
私だったら、こんなことを言われたら、絶対にその服は買いません。
なぜなら、そう言われた時は、その服が相当似合っていないか、あまりイケてない時だからです。

×××××××

試着に連れて行っていいのは、口の悪い女友達か娘や息子

そもそも、女友達の「大丈夫」は、本来の意味の「間違いなく、確かに」という意味なんかじゃないんです。

「それほんとに買うの？　お金はあなたが出すのだから、ま、いいけど」という意味を含む「大丈夫」なんです。

「相当ヤバいけど、本当のことを言っちゃ悪いし、友達を傷つけるのも嫌だからごまかしちゃお！」「それに、私たち友達だから、そんなヘンな格好をしたあなたでも、私は一緒に歩いてあげるよ」という恐ろしい意味さえ含まれている「大丈夫」なんです。

「なんとか着てるみたいだけど、ピチピチじゃない。サイズが小さいのでは？　ワンサイズ上がないなら、あきらめるか、もう少し痩せれば？」などと本心で思っていても、普通の友人は、そんなことは口には出さない。

大体、試着室に友人を呼びつけた時点で、その服を着た自分に自信がなく、か

なり迷っているということ。「大丈夫」と言ってもらい、どうにか他人の同意を得て、その勢いで買ったところで、また着ない服が家に増えるだけです。

クロゼットを片付け終わっていないうちから、リバウンドしてどうするんですか！

とにかく、試着室における「大丈夫」は憐《あわ》れみの言葉なんですから、それを真《ま》に受けたら、負け。

「そんなことない。友達だもん、ウソを言うわけがない」などと、50歳にもなってウブなことを言っちゃいけません。

自分が逆の立場、試着をした友人から感想を聞かれた時を考えたらわかります。本当に素敵だと思っていたら、「素敵！　すごくいい感じ」とか、「似合う！　買っちゃいなよ」とか「痩せた？　すっきり見えるよ」とか言いますよね。

「大丈夫なんじゃない？」という時は、いいとは思っていない時ですよね。

ちなみに、こういう時役に立つのは口の悪い友人です。

「はっきり言うけど、それ、太って見える」

「そのセーター、2万円出す価値ない。たぶん、あなた着ないと思うよ」

「そのワンピース、どこに着ていくつもり？」

などと、彼女たちはこちらがカチンとくるようなことをズケズケ言います。だけど、それが客観的な意見。

鏡に映った自分を幻想の自分にすりかえてしまう習性のある私たちには、これくらいガツンと厳しい客観的な意見が必要なんです。

試着室に同伴するなら、彼女たちに限ります。友人、娘や息子、姉妹や従姉妹《いとこ》などの中で「ひときわ口の悪い人」こそ、あなたにとって最高のスタイリストなのです。

どんなに素敵な服も、試着しないとわからないことがある

試着をした時、お店の人が「大丈夫ですよ」と言うこともよくありますよね。私は、この「大丈夫」も信用しません。「大丈夫」と言われると、むしろ買う気はそがれます。

「はぁ？　大丈夫って、着る気なら着てもいいですけどって意味？　店としては売れればいいってことだよね？」

そう心の中で毒づいて、品物は棚に戻して店を出ます。

愛想笑いの接客態度で、似合いもしないものを「大丈夫」と言われるから、買わなくてもいいものを買ってしまう。それもタンスの肥やしになる洋服を買ってしまう原因のひとつなんです。

自分に合うものを正しく選択して買うということは厳しいことです。

買う方も売る方も真剣勝負。そのくらいの覚悟がないと、必要なものだけが収納されている究極のクロゼットも、50歳からのおしゃれ人生も、夢のまた夢。

そんなことを考えながら思い出すのが、パリのブティックの店員のことです。時は1980年代後半、バブル最盛期、毎月のように海外ロケに行っていた時代です。20代だった私たちの憧れは、なんといってもパリで、誰もがカフェオレ・ボウルのひとつやふたつは持っていたものです（実際カフェオレを飲むには持ちにくく手が熱い。結局、うちで愛用するのはマグカップでしたけど）。

そんなパリにロケに行ったある時、私は前々から欲しかった茶色のスエードのサーキュラースカートを買いに、当時、世界の若者ファッションの聖地であったレ・アールのブティックに飛び込みました。

フランスの雑誌「エル」でチェックしていたそのスカートがなんとしても欲しかったので、撮影の合間になんとか時間を作ってそのブティックに急いだのです。ラッキーなことに、そのスカートをすぐに見つけた私は、即、店員に「これを買いたい」と言いました。迷いはなく、一瞬で、買い物は終わるはずでした。

ところが店の人は、「まず、試着しなさい」と私に命じました。

「これ私のサイズだし、今、仕事の途中で急いでいるのに面倒くさいな」と思いながら試着してみると、その店員がやってきて私の試着した姿をチェック。「このスカートは腰に落として着るもの、ジャストウエストで着るものではない。サイズが合っていないし、その色はあなたに似合わない。だから売れない」と言ったのです。さらに、色違いの黒でワンサイズ上のスカートを手に戻った彼女は、「これを着てみて。あなたは髪が黒いから、黒の方が似合うわよ」と私に渡しました。

「えー、このスカート、好きなのに売ってもらえないの？　一応、私もファッションのプロなんですけど」とちょっとイラッとした私。

当時の東京のブティックでは、少しぐらいサイズが合わなくても「まあ。お似合い！」と言われ、多少お腹回りが醜くても、「こうして、シャツを上に着てベルトをすれば大丈夫」と丸め込まれて売りつけられるのが普通だったので、パリの店員の態度にはかなり驚かされました。

ところが、店員おすすめの黒のスカートを試してみると、悔しいことに、こちらの方が私には断然似合う。

思い返せば、雑誌「エル」でその茶色のスカートを素敵に着こなしていたのは髪がブロンドのモデル。私は、ブロンドの髪の自分を妄想して、茶色のスカートを欲しがっていたのかもしれません。

黒髪で、思いっきり日本人顔の私に、リアルに似合う黒のスカートを勧めたパリの店員はプロ中のプロ。さすが、ファッションの本場パリの〝ハウスマヌカン〟。スカート1枚にも、これほど厳しい美意識を持っているのです。

「客が欲しいと言っても、似合わなかったり、サイズが合わないものは売らない。たとえその日の売り上げが下がったとしても」という心意気に敬服です。

パリの女性たちが少ない服しか持たず、上手におしゃれをするのは、売る側のこういう姿勢のおかげもあるのかもしれません。

ちなみに、渋々買った黒のスカートでしたが、なんと、その後大活躍。あまりのヘビーローテーションで、スエードが白っぽくなり、染め直して着た程です。

おそるべし、パリの店員の選択眼。そして私はこの時、「外人モデルが着て素敵だからといって自分に似合うとは限らない。私は青い目ではないし、金髪でもない。幻想、排除すべし！」という教訓を得たのでした。

流行のアイテムの「食わず嫌い」はもったいない

女性誌によくある人気テーマで「スタイルアップ」とか「着痩せ」などの体型克服特集があります。

例えば、「ウエストを高い位置にして脚長効果」とか「下半身に濃い色をもってくると引き締まって痩せて見える」などのオーソドックスなテクニック。

確かにこれらは目の錯覚を利用したテクニックで、間違いではありません。

けれど、ここにも「ルールの罠」があります。

コンサバなスタイルで着痩せを狙うなら、こういうオーソドックスなテクニックはそのまま通用しますが、50代で無難なコンサバなスタイルってどうなんでしょう？　あまりに無難な格好だと、50代の女性は地味でババくさくなる危険がおおいにあります。

それに考えてもみてください。私たちにとって、少しぐらい脚長に見えることより、今の時代らしく、若々しく見える方がよほど素敵なのではありませんか？

現実問題、体力の衰えとともに、サイズの合った堅いシルエットのジャケットやヒールの靴など、コンサバできちんとしたものを着ると疲れやすくなっているはずです。

そこで私がおすすめするのが、一見、コレ50代にはちょっと無理じゃない？　若い人が着るものじゃない？　と思うような流行のアイテム。かなり荒技ですが、こういったアイテムを思い切って着てしまった方が、コンサバな服よりかえってスタイルがよく見えたりするから不思議です。おまけに着心地も楽だったりします。流行のアイテムを「食わず嫌い」するのはもったいない。

確かに、最近のトレンドの服は、微妙にどこかアンバランスでゆるっとしていて、計算しつくされた美しいパターンの服で育った私たちには、最初奇妙に見えます。

ですが、今やファッションウィークのランウェイも、かなりアンバランスなデザインが多くなっているし、例えばトラッドテイストに、フリルやレースをスパイスとして効かせたデザインが特徴の日本のブランド「sacai《サカイ》」のような、程よいアバンギャルドのブランドが、私たちくらいの大人世代の支持を多く集めるようになってきています。裾が非対称だったり、肩口から袖にボリュームがあったり。見た目は大胆なデザインですが、このアンバランスさこそが、実は体型カバーの役も果たしてくれるのです。

手持ちの服に、こういう少しこなれた今の雰囲気を持つトレンドのアイテムをひとつ取り入れるだけで、ぐっとフレッシュな印象に。50代からは、そんな「コレ、無理なんじゃない？」アイテムこそ、スタメンに加えるべきなんです。

ただし、張り切って全身アンバランスな服にすると、「不思議おばさん」になりがちなので、慣れないうちは、トップスかボトムどちらかから取り入れることをおすすめします。

試着すればわかる、今どきのパンツの威力

「コレ、無理なんじゃない?」的なアイテムの中で、特に試していただきたいのがサルエルパンツです。もともとは、腰から太ももにかけてはボリュームがたっぷりで、股の部分は下がり、膝から裾にかけては細くなったパンツのこと。若い人がはくもの、と敬遠されがちですが、シルエットのこなれたデザインが増えてきて、リラックスパンツと呼ばれるようにもなっています。このパンツが威力を発揮した具体例をご紹介します。

＊例1

【着た人】 50歳の女性誌の読者モデル。

【服選びの悩み】 ウエストが細いわりには太ももが張っていて、いつもパンツ選びに困っている。

【試着したパンツ】 ウエストにタックの入った、黒のリラックスパンツ。

【最初の本人の感想】 こんな形のパンツをはいたことがないから自信がない、とかなり拒絶感あり。
【試着後の変化】「せっかくだからいろいろと試してみましょう」と、かなり強引におすすめして試してもらった。試着した姿を見て、スタッフ一同から「おぅ～！」と歓声が上がるほど似合っていた。ご本人も、「もう、このままはいて帰りたい」とのこと。

＊例2
【着た人】 60代半ば（？）の美しい白髪の女性。百貨店の雑誌のイベントで相談を受けた。
【服選びの悩み】 もう何年も納得のいくパンツにめぐり逢《あ》えず、すっかりパンツスタイルはあきらめている。
【試着したパンツ】 黒のウエストゴムのリラックスパンツ
【最初の本人の感想】 今までこんな形のパンツをはいたことがないので戸惑う。
【試着後の変化】「着心地はいかがですか？　しゃがんでみて背中が出ませんか？　どこか変な感じはしますか？」とたずねると「とても着心地がいい」との

返事。

当日着ていた腰丈のシルバーグレーのモヘアニットともバランスがバッチリ。この日着ていらしたボトムは、普通の黒のタイトスカートだったが、それよりもスタイルがかなりよく見え、若々しく変身しました。

「まだ慣れないけど、これからどんどんはいてみます」とのこと。

このふたつの例は、ちょっとトレンドものをプラスするだけでアップデートできた成功例です。どちらの方も明るい笑顔で帰られ、私までうれしくなりました。

見慣れない、着てみたことのないデザインの服にトライするのはかなり勇気がいることです。でも、この例のように、実際に着てみると案外、着こなせるものです。

ストレッチ素材やしなやかなレーヨン素材など、洋服の素材はどんどん進化しているので、一見とんでもない形に見えるパンツやニットも、とても動きやすい服だったりします。それも試着して、初めて実感できること。

50歳からの試着室に必要なのは、勇気とチャレンジ精神なのです！

50歳になったら、より洋服の「サイズ感」に敏感になろう

試着は、自分に合う服を見極めることが目的です。では、この「自分に合う服」というのはどういうことなのか。

自分の好みに合う。これは基本中の基本です。好きじゃない服にお金を払うなんてナンセンス。

自分の顔、雰囲気に合う。これも基本です。ただ、これまでしつこく言ったように、この点は幻想・妄想に惑わされやすいところですから注意しましょう。

そして、自分の身体に合う。これも、ものすごく大事なことです。

ところが実際には、自分の身体に合っていない服を、合っていると思い込んで着ている人が、50代の女性になんと多いことか。

あまりサイズ展開の幅がないDCブランド時代を経た私たち。サイズと言えばS、M、Lくらいしか考えられないかもしれません。はっきりいって、服のサイズ感覚がルーズで大雑把なのです。

シンプルでコンサバな服が主流だった時代は、まだそれでもなんとかなりました。でも今の時代の服は、黒のパンツ1本とってもいろいろな形があります。Mと表示してあっても、デザインが違えば、メーカーが違えば、はいた時のサイズ感は大きく違います。

同じメーカーでも、ストレートパンツのMはちょうどよかったけど、クロップドパンツのMはお尻でつかえてはけないなんてことも珍しくないのです。

そして、言うまでもありませんが、私たちひとりひとりの体型はほんとにバラバラ。Mサイズの人と言っても、ウエストは細いのに太ももが張っている人もいれば、全体的に細いけれど、ずん胴な人もいます。

つまり、メーカー表示のサイズ×自分の体型のマッチングには、無制限に多くの組み合わせがあるというわけです。

タグに表示してあるサイズMは、あくまでも目安。「私はMサイズ」と自分のサイズを決めつけないで、いろんなサイズを試すことにこそ、「試着」の意味があるのです。

同じMでもいろんなMがあることをわかった上で、その中から本当に合うMを見つけることができたら勝ち！　もはや単純な「サイズ」ではなく、「サイズ感」

の話なのです。

「そんなにキツくないから大丈夫。いつもMサイズだし」とゆるいジャッジで買ったら負け！

そのくらいの気持ちで、厳しい勝負をしてもらわないと、スタメンになる服は買えません。

平成的カジュアルブランドのすすめ

ここでショッピング編の復習をしましょう。

今、50代の私たちに必要な「スタメンになる服」とは以下のとおりです。

1. 程よくカジュアル
2. 流行のエッセンスが入っている
3. サイズ感にこだわって選んだもの

では、こういった洋服はどこで買うことができるのか?

私がおすすめしたいのが「ZARA」「GAP《ギャップ》」などの海外カジュアルブランドです。

若い子たち専用のブランドにしておくのはもったいない。私たち世代にも十分使えるブランドです。なんといっても、気軽に「今な感じ」の服が手に入ります。

決して最先端すぎず、一般の消費者が普通に着こなせるアイテムを、絶妙なタイミングで提供してくれます。

これらのブランドでは、サイズが細かく分かれているのも理想的。微妙というか、不思議なシルエットのものが多い最近の洋服は、MとかSのサイズ分けだけではどのバランスがきれいなのかわかりづらく、おかしな格好になりがちなのですが、「ZARA」「GAP」ぐらいサイズ展開が豊富だと自分に完璧な1枚を探せるのです。同じデザインの服をサイズ違いで着比べると、「これだ！」という自分なりのサイズ感がわかるはずです。しかも、値段が手頃なのも素敵なところ。気軽に流行ものにチャレンジでき、惜しみなく、普段着として着倒すことができますよね。私の周りでも50歳をすぎて「ZARA」デビューした人、大勢います。

また、ハイブランドのセカンドライン、例えば、「ジョルジオ アルマーニ」なら、「エンポリオ アルマーニ」や「アルマーニ ジーンズ」、「ダナ・キャラン」なら「DKNY《ディーケーエヌワイ》」などもおすすめ。

セカンドラインは〝若者向け〟と思い込んでいる方がいるかもしれませんが、若者向けというより〝カジュアルライン〟と思ってください。そのブランドのセンスとクオリティは保ちつつ、程よいカジュアル感があるので、まさに、今の私たちにもってこいなのです。

ＮＹ《ニューヨーク》の百貨店でも、こういったセカンドラインの売り場で、私たち世代をよく見かけるようになりました。日本でも今後そうなると思います。

×××××××

「安いから買う」は今後いっさい禁止です

私の周りには若い女の子がたくさんいます。例えば、私がプライベートで行くアーティストのライブで仲良くなった若い女の子たちや、仕事のアシスタント。そんな彼女たちを見ていて、私は、最近あることに気がつきました。

彼女たちは、いつもかわいい格好をしているけど、あまり服を買わないし、所有もしていない。かといって、ケチで何も買わないというのではなく、本当に欲しいものは少しぐらい値が張っても買っているのです。

気に入って買った服は、同シーズンの間に何度もヘビロテして繰り返し着る。おかげで200m先の人ごみの中にいる私のアシスタントを、彼女が着ているコートで見分けられる程です。

私が目指していてもなかなか到達できない「究極のクロゼット」を、彼女たちは、すでに実現している。大したものです。

何よりも感心するのが、彼女たちの金銭感覚。どうやらこの感覚は、今の一般的な若い子たちに共通しているようです。例えば休日、コートを買いに行ったとします。もし、自分の好きな色、サイズが見つからなければ、その時、偶然別のものがバーゲンで半額になっていても、彼女たちは決して買ったりしません。

先日、私はライブに行く時一度着るだけの派手な服を探しに「H&M」に行きました。店内は最終処分のセール中で驚きの価格。何でも一律1000円以下のコーナーをのぞいた時、かなりかわいい女の子ふたり組の会話が聞こえてきました。

「ねえ、このセーターどう思う？　680円なんだけど」

「え〜、やめなよ。そんなの1回しか着ないからもったいないよ」

「そうだよね。やめとくわ」

私に衝撃が走りました。

680円でも、1回しか着ないのならもったいない?!

そんな発想、私は生まれてから今まで、一度も持ったことがありませんでした。バブル時代に青春を送った私たちは、好きな服がバーゲンなら買わなきゃ損、と迷わずバーゲン袋に入れ、なんなら同じデザインの色違いのものもついでに買ってしまう。そんな習性があるのです。

だけど、明らかに正しいのは彼女たち。彼女たちの経済観念はすごく正しい！

私は心の中で反省しつつ、手に持っていた980円の超ミニのシルバースパンコールのドレスをそっとラックに戻したのでした。

レジに進む前に[価格÷利用回数]の割り算を忘れるな

みなさん、ひょっとしたらご存じでしょうか？　洋服の値段が高いか安いかは、結局は何回着たかによります。

1回しか着ない680円のセーター　⬇　1回あたり680円
20回着る1万2000円のセーター　⬇　1回あたり600円

割り算したら、はっきりわかりますよね。1回しか着ない680円のセーターより、20回着る1万2000円のセーターの方が1回あたり80円お得なんです！今の若い人たちは、こういう「元をとれるかどうか感覚」が身についているのだと思います。

地元の商店街主催のフリーマーケットに参加した時のこと。私は家にあったカシミアのセーターを10枚ほどクリーニングに出して、出品しました。

クリーニング代だけで、1枚700円くらいかかったのですが、誰かに着てもらえればそれでよい、という気持ちで、つけた値段は1枚1000円。すべて新品同様の高級ブランドカシミアセーター。2、3年くらい前のものなのでデザインも古臭くない。すごくお得なのですぐに全部売れると思ったら大間違い。いっこうに売れない。

「他の人たちは服1点100円とか200円で出してるから、1000円は高すぎるのかな？　このままだと売れ残りそう。だけど、持って帰るのは嫌だし」と、思い切って1枚500円に値下げして、「カシミアセーターお買い得ですよ」と推定30代後半の女性に勧めてみました。

500円といえば、ファストフード店でハンバーガーにポテト、飲みもののセットほどの値段。これなら間違いなく売れると思った私は甘かった。その女性から返ってきた答えは、「私、カシミアのセーターは持っているからいらないわ」。

が～ん！　大きな誤算でした。

たとえカシミアセーター、クリーニング済み、1枚500円でも、いらないものはいらないのね？　考えてみれば、彼女が正しい。いくらお買い得なカシミアでも、必要もないのに買えば500円は無駄にしたことになる。

こうして私は、この年齢になってようやく、洋服の値段の「高い」「安い」の本当の意味を理解したのです。

手ぶらで帰るのは「負け」ではない。むしろ「勝者」である

時間に余裕がある日、歩き回れる靴を履いて、まず、デパートの化粧品売り場に行き、今風のメイクをしてもらって、次に洋服売り場へ。気に入った洋服はサイズ違いで試してみた。トレンドものも試着してみた。バーゲン会場では、セール品もいろいろ見て、一瞬いいかも、と思ったものもあった。

それでも、「どうかな？　なんか違うかもしれない」と思った時や、何か納得しないことがひとつでもある時は、潔くあきらめるしかありません。

買い物に出かけたからといって、何も買わずに手ぶらで帰ってもいいんです。それは決して「負け」ではないし、恥ずかしいことでも、悔しいことでもない。むしろ、今イチの洋服を妥協して買ってしまったら、「負け」なのです。

「自分のクロゼットにヘビロテできない服が増えなくてよかった！　余計なものを買わなかった私、エラい！」と自分を褒めて、お茶でもしてうちに帰ればいい

のです。

ショッピングの神様は必ず、見ています。

余計なものを買わず、本当に似合うものだけを真剣に探して、めぐり逢った時だけその出会いに感謝して買い、服の寿命が尽きるまでフルに活用する。

そういう心がけの人には、洋服の神様は「その人を輝かせる最高の一着」を必要な時にめぐり逢わせてくれるはずです。

反対に、50歳すぎても何も考えずに、やたらと買うだけ買って、着ないままタンスの中で洋服の寿命を尽きさせるような、残酷でもったいないことをする人に対しては、洋服の神様は「素敵な一着」との出会いのチャンスを与えてはくれないでしょう。

というか、私が神様なら、そうしますという話ですが。

4章

おしゃれ実践編

じゃあ、何を着ればいい?

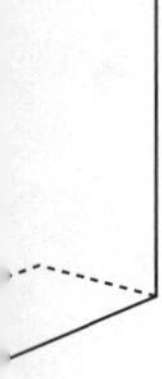

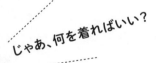

Manifesto

××××××××××

苦手なもの、
似合わないものは
着なくてOK

年がいもなく張り切ると
イタい目にあう

おしゃれ以前の、
毎日の
身だしなみに
気をつけて

　さて、ここから実践に入りましょう。

　スタイリストをやっていると、ファッションについての相談をされることがあります。女性誌の誌面で「ファッションの悩みQ＆A」というような企画をすることもあります。

　そこで、4章「おしゃれ実践編」では、今までの相談や疑問、悩みを踏まえ、解決の手助けになることを説明したいと思います。

よくある質問編

Q&A「スカートが苦手なんですけど、どうしたらいいですか？」「パンツが好きなら無理してスカートをはく必要はありません」

　40代後半〜50代の女性のファッションの悩みで、一番多いのがボトムに関する質問です。「スカートが苦手でいつもパンツばかりなのですが……」。またはその逆で、「パンツが苦手なのですが、どんなパンツを選べばいいのでしょうか？」など。

また「いつも黒ばかり着ているのですが、たまには明るい色を着た方がよいでしょうか？」という、特定の色に偏ることについての相談も多いですね。

私はその質問のすべてに、「それでいいじゃない。それで正解よ」と答えます。

答えになっていないようですが、それが答え。

相談者たちは、「これでいいのだろうか？」「もっと違う格好をしなくてはいけないのでは？」と突然、何かの呪いか強迫観念にかられたかのように、急に思いついてしまうらしいのです。

その気持ち、わからなくはありません。

雑誌には「いろいろと着こなしてコーディネイトに幅を持たせよう」などと書いてありますものね。

また、女友達や家族から、「いつも同じような格好だね。たまには他のもの着たら？」などと言われることもあるらしいのです。

だけど、そんなのは余計なおせっかい。

「いろいろと違う格好をしなければならない」なんて考えなくていいんです。

ファッションは義務でも法律でもなくて、あくまでも、あなた自身の「自由な選択」なんですから。

スカートが苦手でパンツが好きなら、毎日パンツでいいんです。

今、黒が着たい気分なら、無理して他の色に挑戦しないで毎日似合う黒を着ていればいいんです。

着るものと心はひとつ。自分が好きなものを着るのが一番。気の進まないものや不得手なものを着る必要は全くありません。

人が着ているからといって、あなたも同じものを着る必要はないし、雑誌のモデルのように、いろいろなスタイルを着こなす必要もない。

ただし、「この服でいいや」とずっとワンパターンで同じものを着続けると、着ているあなた自身のおしゃれの楽しみが減ってしまいます。

「パンツ」とか「黒」を今の自分のファッションのテーマだと考えて、その中で、シルエットや素材を変えることで、おしゃれを楽しんだらどうでしょうか。

Q&A

「いつも同じような色ばかりです。流行の色も着るべきでしょうか？」

「服は自分の得意な色でOK。トレンドカラーはバッグで取り入れて」

雑誌のファッションページで、よく「さし色をプラスしておしゃれに変身」などという提案を見かけます。

確かに今年の流行色をコーディネイトに足しておしゃれに見せる、というのは着こなしの技のひとつ。でも、アクセントになるような明るい色やインパクトの強い色を着ることに慣れていない場合、いきなり取り入れても自分にしっくりこなくて、失敗するケースが多いと思います。

特に私たちの世代は、若い人たちとは違い、肌もくすんでいます。明るい色は、私たち世代より、むしろ白髪のシルバー世代の方が合わせやすいくらいです。

50代は、実は「色を使うのが難しい世代」なのです。

私はコーディネイトのアクセントになるようなトレンドカラーを取り入れる時は、バッグで取り入れます。

青山界隈や新宿の伊勢丹など、大人のおしゃれ人口密度が高い地域で観察しても、私たち世代の素敵な人たちで、トレンドカラーのバッグを持っている人が多いことに気がつくでしょう。それも決してハイブランドではない、手の届く価格帯のきれいな色のバッグ。

色の効果でフレッシュな今らしさを手軽に取り入れることができる、大人に相応《ふさわ》しいおしゃれテクニックです。

では、全身の色のまとめ方はどうしたらいいか。

ここで参考になるのが、「パリジェンヌのおしゃれ」。

女性誌の人気企画、パリ・ミラノ・ニューヨークなどのおしゃれスナップを長年見てきて思うのは、パリの女性たちの色使いのうまさです。

彼女たちは全身のコーディネイトを基本色＋グラデーションカラーでまとめ、ストールやアクセサリーに基本色からちょっとだけ外れたニュアンスカラーを合わせている場合が多いのです。「おしゃれの達人」と言われるわりには、色に関してほとんど冒険をしていません。むしろ、自分に似合わない色やものは決して着ない〝堅実派〟。言わせてもらえば、「ズルくて賢いおしゃれ」だと思います。でも、それでいいんです。

トレンドカラーを身につけることよりも、自分に似合う色を知り、それを着こなすことの方がよほどおしゃれであるということを、彼女たちは若い頃から心得ているのだと思います。

私たちも50代ともなれば、自分の似合う色、苦手な色はわかってきているはず。やみくもに新しい色に手を出すのではなく、自分のベースのスタイルや今の自分が得意な色を確認して、そこに新しいものを程よく加えるのが賢い方法です。

Q&A「何を着ればいいか迷った時、手持ちの服からどう選べばいい?」「スタイリスト・メソッド＝《イコール》究極の消去法で着る服を決める」

たくさんの人のおしゃれの悩み相談にのり、偉そうにアドバイスをしておきながら、実は私自身、未だに自分の服のコーディネイトで迷うことがあります。おかしな話ですが、仕事で他人のスタイリングは得意なのに、自分が何を着ればいいか、わからなくなることがあるんです。

そんな時、私はあえて仕事モードになって、自分の服を、自分がスタイリストとして選ぶのです。名付けて〝スタイリスト・メソッド〟＝究極の消去法です。

仕事で服を選ぶ前に私たちが、最初に確認する条件は何かというと、

【テーマ】 アイテムはワンピース？　デニム？　ジャケット？
【ターゲット】 年齢は？　生活スタイルは？
【シチュエーション】 いつどこで着る服？
【季節】 何月に着る服？
【モデル】 身長、体型、靴のサイズ、髪の色、長さは？

ファッション雑誌には、その号ごとに、例えば、「冬から春まで活躍最旬トップス」とか「同窓会で活躍、華やぎワンピース」などのテーマがあります。そこで、前に出した条件をふまえて、

1. テーマに合う服や小物を集める
2. 集めた服をコーディネイトしてバッグや靴など小物もコーディネイト
3. ファッション撮影

となるわけです。

例えば、「ホテルで同窓会ランチ」というテーマなら、ロングドレスはいらないし、ターゲットが50代なら、ノースリーブや膝小僧が完全に露出するミニドレスは選びません。

季節感も大事で、素材、色など、季節に合うものを選びます。

そうやって選んだ中から、次に、テーマや条件（着て行く場所やシチュエーション）に応じて、必要ないものをボツにしてさらに絞り込みます。合わせる靴はサンダルかパンプスか？　バッグなら、大きめトートバッグでカジュアルにしたいのか、クラッチでフォーマルにするべきなのか。

消去法で、最終的にひとつのコーディネイトが決定します。

と、ここまで読んでいただいてお気づきになったと思いますが、プロのスタイリングも日常で服を選ぶのも、手順は一緒！　違いはモデルが自分になり、手持ちの服から自問自答して選ぶというだけなのです。

その日に着たい服をいくつか選び、その中から、「今日、冬のわりには暖かいからダウンはやめよう」など気候に合わないとか、「今日はクライアントに会うからこのセーターではカジュアルすぎる」などとボツにして、最後に残ったもののが今日着るべき服です。迷ったら、消去法！　ということを、覚えておいてください。

Q&A 「パーティにも旅行にも着ていけるのは、どんな服？」「二兎《にと》を追う者は一兎《いっと》をも得ず」

洋服を決める〝スタイリスト・メソッド〟の中でも、最も重要な条件がシチュエーションです。パーティと旅行では、シチュエーションが全く違いますよね。その場にいる目的が違う、動作が違う、そこにいる人たちの顔ぶれも違う、気温や天候の影響など環境条件も違う。

洋服を買う時、よく「いろんなシーンで着たいから」と言う人がいますが、そのように異なるふたつのシチュエーション両方に着ていける服はないと思った方が賢明です。仮に光沢のある素材のシンプルなデザインのワンピースを、このふたつのシチュエーションに併用するとします。

パーティに着ていくなら、アクセサリーやバッグでこのワンピースに華やかさをかなりプラスする必要があり、結局、高くついたりします。

逆に、旅行先では、そんなワンピースとガンガン歩ける靴とは合わせにくいはず。

そんなふうに、1枚の服を下手に無理やり違うシチュエーションで着ようと思うと、結局は両方のシチュエーションで的はずれな服になってしまいます。〝二兎を追う者は一兎をも得ず〟。結局どっちつかずになり、あまり出番のない服になるのです。

「いつ、どういう場所で着るための服か」という目的がぶれない洋服を持つことが大事です。

Q&A「同窓会で、いつまでも若いね！ 変わらないね！ と言われたい」
「張り切りすぎはNG。狙うなら1位より5位入賞を」

50代の女性に「着るものに困るのはどんな時ですか？」というアンケートをとったら、たぶん回答の第1位は「同窓会」だと思います。実際、女性誌でもこの頃よく取り上げられるテーマです。

さて、何を着ていくべきか。〝スタイリスト・メソッド〟に従って、条件を確認してみましょう。

［テーマ］ 同窓会。
［ターゲット］ 50代の男女。10年ぶり以上に再会する人もいる。
［季節と会場］ 夏のランチタイム。ホテルやレストランでの立食。

会場は冷房が効いているなど「おしゃれ環境」が整っている場合も多いので、真夏だとしても、「大人おしゃれスタイル」を完成させるのはそんなに大変ではありません。

気になる二の腕回りがカバーできる5分袖ワンピースや、カジュアルすぎないパンツスタイルにジャケットなどバランスが取りやすいコーディネイトがおすすめです。

ここで気をつけたいのが、張り切ってトゥーマッチにならないこと。肩パッド入りのスーツなど、あまり立派な装いは、かえって老けて見えます。ゴージャスなアクセサリーの付けすぎも注意。迷ったら何かを外しましょう。服はどこかカジュアルな抜け感を残すことが、同窓会で人よりも若々しく見えるポイントです。メイクも濃すぎず、普段のメイクをちょっと丁寧にする程度が好感度大。「クラスで一番若くてきれいな私」を目指すのではなく、「目標、5位入賞」ぐらいの気持ちでいると成功します。

着席の場合は、見えるのは主に上半身なので、ボトムはシンプルなものにして、上半身で勝負。イヤリングや指輪などアクセサリーで華やかさをプラスするのも賢い技です。

油断禁物なのが、たまにしか着ないキメの服。「このワンピース絶対に似合うのよね」と思って甘くみていると、〝鉄板〟と信じていた数年前の自信の1枚に裏切られることがあります。

実は、私もつい先日、ある仕事関係のレセプションに出る直前、久しぶりに「鉄板ワンピース」を着てみて唖然《あぜん》としました。どこかバランスが変なのです。去年着た時は完璧に似合っていたのに、今年の私には笑っちゃうくらい似合いませんでした。

髪型を変えてヘアカラーを赤めにしたから？　経年劣化した顔のせい？　とに

かくヤバいくらいに似合わず、とてもおしゃれ業界人の渦巻くパーティに着ていく勇気は出ませんでした。結局、ドレスはあきらめ、「sacai」のタキシードジャケットに黒の細身パンツ、ローヒールのブーティーという男役みたいなスタイルでごまかしました。

こんな思わぬハプニングもありますので、同窓会の準備はくれぐれも早めになさることをおすすめいたします。必ず2、3日前にはクロゼットから出して、試着しておきましょう。

Q&A

「夏の暑い時期、身体の線を目立たせたくないのですが」
「50代の夏のカジュアルはニュアンストップス1枚勝負！」

春先や秋冬の間は、重ね着もできるからまだなんとかなる。でも、暑くてムシムシと湿度が高い夏は気になる身体のラインをごまかせないので、着るものに本当に困る。そんな声を多く聞きます。

若い頃はTシャツにデニムなどお気軽カジュアルで乗り切れたのに、いつの間にか身体は丸みを帯びて、背中のブラの食い込みや、お腹回りや二の腕も……と到底解決できない問題が山積みに！ 50代にとって、夏は着るものに一番困る季節といってもいいでしょう。

そこで、私の提案したい解決策は「ニュアンストップス1枚勝負」です。

ニュアンストップスとは、何の飾りもないシンプルなトップスに対して、「切り替えやフリル、ギャザー、レースを使ったり、アシンメトリーで不思議なシルエットだったりなど、なんらかの〝ニュアンス〟が加味されているトップス」のこと。112ページでも書きましたが、このアンバランスなデザインこそが体型カバーの救世主なのです。丈はちょうど腰にかかるくらいのものを選べば、ちょっと緩んだお腹回りや背中など、体型の弱点の目くらまし効果が期待できます。ただし、前述の「ゴージャスな胸」の人はニュアンスの盛りすぎにはご注意。何ごとも、すぎたるはなお及ばざるがごとし、です。

夏物にしてはお値段が張るかもしれませんが、思い切ってお気に入りの1枚を手に入れ、ヘビロテすれば十分元はとれます。

また、夏ならではの、麻やコットン素材のオーバーブラウスも涼しげでおすすめ。半袖やノースリーブが苦手なら、長袖をロールアップして手首を見せ、細いブレス（ひもにビーズやチャームが付いていたりするタイプ）を重ね付けしても素敵です。

これらのトップスと手持ちのボトムを合わせてみて、もしなんとなくバランスが変だなと思ったら、思い切ってボトムも今年のものに買い替えるのも手です。古い感じのシルエットのボトムがあなたの「大人おしゃれ計画」の足を引っ張っているのかもしれません。今なら、ちょうど足首が見えるくらいの8分か9分丈のパンツを選べばぐっとエレガントです。

デニムなどカジュアルなボトムを選ぶ時は、前にもお話ししたように、サイズ展開の豊富な「GAP」や、ちょっとエレガント系やきれいめを狙うなら「ZARA」がおすすめ。もちろん時間に余裕を持って、同じスタイルでサイズ違いを2、3本持って試着室に行くのはもうお約束。そして、新しく手に入れたトップスとボトムの「黄金セット（＝スタメンセット）」でひと夏を乗り切りましょう。

アイテム編

ニュアンストップスは、今やオールシーズンのスタメンアイテム

夏の必需品で紹介した、ニュアンストップスですが、実は50代にはオールシーズン着ていただきたいマストアイテムです。ブラウス、シャツ、Tシャツ、カットソー、セーター、カーディガン、ジャケットなど、今や、ほとんどのアイテムに登場しています。

百貨店からスーパー、カジュアルブランドからもたくさん出ているので、トレンド感を取り入れるにはもってこいです。決して、無理な「若作り」ではなく、流行に便乗して今の気分を楽しんでください。

繰り返しますが、これがひと昔前の50代なら、上質のツインニットを着ていれば「素敵な大人」に見えました。でも、今やプレーンなニットだと、カジュアル感が足りない。しかも、シンプルな服は体型の欠点を隠してくれないため、私た

ちがきれいに見えないのです。

その点、ニュアンストップスは、フリルやレースを部分的に使うことで、程よい甘さが生まれます。袖の一部分に透けるレースだったり、胸元にフリルを少しあしらう。その絶妙なバランスで大人が着てもイタく見えないばかりか、今まではシャープなスタイルが好きだった私たちの「乙女心」にまで火をつけてくれます。やっぱり、かわいいものを着るとちょっとうれしくて、気分が上がりますものね。

例えば、先日、取材でお会いした同年代の会社経営者の方。全身黒でクールに決めていながら、カーディガンの中に合わせていたのは、フラットに抑えられたフリルが胸元についたインナー。とても素敵でした。彼女も私同様、今まで辛口のものしか着て生きてこなかったはずです。

そんな私たちでさえも手を出してしまうニュアンストップスは「大人かわいい」解禁の偉大なアイテムでもあるのです。

〝はおりもの〟だって進化しています

季節の変わり目や冷房対策で、気軽にはおれる1枚は必需品です。そこでおすすめしたいのが「進化した素材」のジャケット類です。

ひとつは、薄い革のジャケット。革というと、「重い、高い、男くさい」というイメージだったかもしれませんが、最近の革は「これって紙?」と思うくらい薄くて軽いものが増えています。デザインもバリエーション豊か。

革でもフェミニンに着たい、という人は、衿《えり》のないカーディガンジャケットやショールカラーのジャケット、ストールカーディガン(前の打ち合わせがストールのようにボリュームのあるデザイン)のようなデザインがおすすめ。ハードなイメージにならず、スカートともパンツとも合わせやすい。ニットのカーディガンのように気軽にはおれ、なおかつおしゃれ感は高くて、使えます。

ちなみに、私はロックテイスト好きなので、革ジャケットの王道、ライダースジャケットを愛用しています(もはやマニアで15着は所有する程)。ハードなデザインですが、フェミニンなスタイルにも、ハードな着こなしにも、意外に何にでも合うのですごく便利。感度の高い女優さんやモデルにもライダースの愛用者がかなりいらっしゃいます。今の革素材は驚く程しなやかで腕の曲げ伸ばしもラクラク、着心地抜群です。

もうひとつのおすすめは、ストレッチの効いたジャージ素材のテーラードジャケット。きちんと感に、ラクラクの着心地がプラスされた優れもののアイテムです。

私が特に気に入っているのが、「セオリーリュクス」や「東京スタイル」のジャージ素材のテーラードジャケットです。衿に軽く芯が入っていてシングルの合わせ。ビジネスシーンでもＯＫのきちんと感とジャージならではの肩の凝らない着心地が魅力です。動きやすいし、シワになりにくいので、袖をたくし上げて着るなど、カジュアルな着こなしにもぴったりです。

こういったジャケットは、１枚あると、気温の変化が激しい春秋はもちろん、冷房対策のはおりものが必要な夏、さらには、生地が柔らかいためコートを重ねてもゴワゴワしにくいので冬にも、と、オールシーズン使えて絶対お得です。

色は黒、紺、グレージュなどベーシックカラーを。プリントのワンピースの上に重ねてよし、デニムと合わせてもよし、大活躍すること請け合いです。

やっぱりスカート派、のためのスカート選び

*膝丈スカート——5㎜単位でこだわってベストな「膝丈」を見極める

50代の人の脚のウィークポイントはなんといっても膝小僧。まっすぐ立っている時、膝小僧の上にお肉が乗っていませんか？　手入れを怠ったばかりに膝小僧がゴッゴッして、まるで「鬼瓦」のようになってませんか？

奇跡的につるんと美しい膝小僧をした50代もいらっしゃるかもしれませんが、それはあくまでも例外中の例外。基本、50代は膝を隠しましょう。都合の悪いところは断固として隠すのが「おしゃれの達人」の原則のひとつ。

そんな50代の脚を無難にきれいに見せてくれるのは膝丈です。膝丈と言っても、厳密には膝が半分隠れるか、もしくは、すっぽり隠れる丈。

「スカート丈でいうと、何㎝ですか」という質問をよくうけるのですが、ウエストから膝までの長さ、膝下の長さは人それぞれ。スカート丈は、ほんの5㎜や1㎝の差でも驚くほど見た目に差が出ますから、億劫《おっくう》がらず、自分の脚がきれいに見えるスカート丈を5㎜単位でこだわってお直しすることをおすすめします。こ

の時、合わせる靴を持参することも忘れずに。

ぴたりと決まった丈のスカートは、間違いなくスタメンの中でもスター選手になるはずです。

ただし、冬は、タイツとロングブーツを合わせれば膝小僧を隠すことができるので、もう少し短めのスカート丈も素敵にはきこなせます。

＊ロングスカート――足さばきのよい素材を選ぶ

膝丈でもまだ短い。脚にコンプレックスがある！　でも、スカートははきたい、という人は思い切ってフルレングスのロングスカートに挑戦してみてはいかがでしょう。

足首まですっぽり隠してくれるのですから最強アイテムです。多少、O脚だろうが足首が太かろうが、絶対ばれません。身長が高くない人は、トップスのボリュームを小さめに抑えるとバランスがとれます。

腰が張っている人は、ロングスカートにスキッパーシャツやニットなど、トップスをオーバーで着ると体型カバーができます。

このところ若者の間でもロングスカートブームで、タイトやギャザースカートなど、デザインも豊富ですし、素材もスエット素材、デニム、綿、麻と出揃《でそろ》っていますが、ロングタイトや硬いデニムなど動きにくいデザイン、素材のものは50代には不向き。

50代におすすめなのは、薄手ガーゼでギャザーが入ったロングスカートです。足さばきもよく、バレエシューズや「コンバース」のスニーカーなどフラットシューズを合わせれば若々しい印象に。風通しがいいので、夏は涼しく、冬もタイツ＋ロングスカート＋ロングブーツなら寒さを寄せつけません。季節をまたいで活躍するアイテムです。

＊ワンピース——ウエストをカバーしたい人の救世主

普段はもっぱらパンツ派で、スカートから離れてしまった。パーティや同窓会には「エレガントに見えるし、たまにはスカートをはきたい」けれど、今さら何をどう合わせればいいかわからない。そんな時はワンピースです。また、ウエスト回りを目立たせたくない、という理由でスカートから遠ざかっている人にもワンピースは救世主。

1枚でコーディネイトが完成するので、スタイリングいらず。夏の暑い日や、何も考えられない時、これは楽です。

デザインは身体につかず離れずのシルエットのものを選ぶと、体型をさりげなくカモフラージュしてくれます。

ただし、試着はくれぐれも慎重に。チェックポイントは動いた時の〝ゆとり感〟。真っ直ぐ立った時には問題なくても、腕を上げた時にアームホールや二の腕、胸のあたりの布地が引っ張られる感じがすることがあります。そんな時はもうワンサイズ上のものも試着してみましょう。

2kg痩せて見えるためのパンツ選び

よく、どんなパンツを選んだらいいのか質問されますが、ことパンツに関しては、本当に人それぞれ体型が違うので、形やデザインよりも、試着のポイントに絞ってアドバイスさせていただきます。

基本はウエストがローウエストのものより、ジャストウエストに近いものを選びましょう。なぜなら、ローウエストのパンツだと、柔らかくなってしまったお腹回りの肉がウエスト部分にポコンと乗って、悲惨なことになるからです。また、私たち世代は、そもそもパンツの腰ばきが感覚的にわからない！ ついついパンツを引っ張りあげて、せっかくのシルエットを台無しにしてしまうので、手を出さない方が賢明です。

実際に買い物に行く時は、スカート同様、いつも自分がパンツスタイルの時に履いている靴で行くこともお忘れなく。ヒールが1cm違えば、パーフェクトな裾の長さも違ってしまうので、実際に合わせる靴を履いて行くことは、失敗しないための必要絶対条件です。

試着室に入る時には、同じ色&形でサイズ違いを2、3本、さらに違う色や形のものも試してみます。同じ形でも、サイズによってスタイルがよく見えたり、太って見えるから不思議。恐らくサイズの選び方で体重2kgは違って見えるはずです。

試着でチェックすべきポイントは以下のとおりです。

試着したら、鏡で前だけでなく、後ろ、横と全体をチェック。きつすぎてお尻の下や太ももに余計な線が出ていないか。サイドにポケットがある場合、ポケットが開いていないか。逆にスカスカすぎて貧相に見えないか、などを確認。さらには、しゃがんだ姿勢でもチェックします。ウエストの後ろに握りこぶしが入ってしまうくらい浮いてしまってはアウト。しゃがむたびに下着が見えたら最悪ですものね。

これくらいの気構えで、慎重にパンツを選べば、あとはお好みのシルエットと色を選んでいただければOKです。

オーバー50にとってデニムはマストアイテムではない

カジュアルの王道として、若いうちは定番だったデニム。

でも、オーバー50になると、話は別。かなりのデニム好きか、流行に興味があり、新しいスタイルにトライしてみたいという人以外は、無理にデニムをはかなくてもいいと思います。

女性誌のファッションページでよく見た「ハウツーもの」の呪いで「デニムの1本も持っていないとおしゃれじゃないかも？」と思いがちですが、カジュアルの範囲が狭かった昔と比べ、ストレッチパンツやリラックスパンツなど、動きやすくカジュアルなボトムがたくさんあるのですから、デニムは必ずしも必須アイテムではないのです。

先日も、同年代の方から「どんなデニムを選んだらいいのでしょうか？」と質問されました。その方はデニムをはくタイプに見えなかったので、「どんな時にデニムをはきますか？」と質問したところ、「そういえばここ何年もデニムをはいていない」とのお答え。最後にデニムを買ったのも何年も前のことで、その時に流行のスタイルを試してみてもピンとこず、当時流行のジャストサイズではなく、楽な大きめサイズを選んでしまったとか。こんな人は、別に新しいシルエットのデニムをはかなくても、他にいくらでも似合うものがあるはずですからご安心を。

では、「デニム大好き！　新しいものを試してみたい」という場合はどのような形のデニムを選んだらよいのでしょうか。

ウエスト回りが気になるけれど、脚は結構自信がある、という人にはスリムのデニムをおすすめします。トップスでお腹を隠し、デニムの丈は少し短めに、もしくはロールアップして、足首がちらりと見えるようにするとセクシーだし、今風になります。

脚にコンプレックスがある人は、ゆったりしたボーイフレンドデニムやさらにボリュームたっぷりのバギーを選ぶと脚のラインや太さをカモフラージュできます。

極論を言うと、デニムのみならず、すべてのアイテムをまんべんなく着こなす必要はないのです。あなたが今、似合うものだけを追求すればいいことを肝に銘じてください。

オーバー50ならではのコート選びと着こなし

＊ダウンは大きめサイズはNG。ぴったりサイズを着る

冬のコートといえば、今や軽くて暖かいダウンが主役で、50代にとっても欠かせないアイテムだと思います。

選ぶときのポイントは、デザインでも色でもなく、実はサイズ感にあります。

上に重ねるからと言って少し大きめのサイズを選んでませんか？　ダウンは密着して着てこそ保温性が高まるもの。ニットやジャケットの上から着るから少し大きめ、という必要はありません。

また、今のダウンはシェイプしたラインで細く見えるようにデザインされているのですから、サイズが大きめのものを選ぶのはすごくもったいない。肩を基準に、ぴったりのサイズのものの方が断然、痩せて見えますよ。

最後に着丈の選び方を。極寒の地域を除いて、背の高い人は膝丈、小柄な人はお尻が隠れる丈がボトムとのバランスがきれいに見えておすすめです。

＊トレンチコートの胸元にストールをプラス

春先、秋口の定番として、トレンチコートを愛用している方も多いと思います。私もそのひとりです。ところが、若い時ははおるだけでキマったトレンチコートが、50代になると、パッとしなくなったことに気がついてしまいました。ここにも体型や顔の変化の影響が！　胸元と背中がもったり丸い感じになって、デザインがオーソドックスで色もベージュやカーキのためか、顔色もくすんで見えるのです。

すぐに対策を講じました。ストール作戦です。大判やファー使いのもの、お好みでOK。ひと巻きすることで、胸元に華やかさがプラスされ、これでトレンチコートのスタメンアイテムの地位は安泰です。

＊温度調節に困る時期は、ゆる軽コートが大活躍

春先から梅雨前あたりまでは、1日の間の気温の差が激しかったり、肌寒いかと思えば翌日は夏並みに暑くなるなど、温度調節に困る時期。そんな時期に重宝するのが、一重仕立ての薄手のノーカラーコートです。さっとはおれて、脱いでもかさばらないものがおすすめです。前を開けてさらっとはおったり、共布のベルト付きのコートならベルトをギュッと結んでウエストマークしても素敵。

素材はコットンやシルクなど。最近はカットレースや光沢のあるドレッシーな生地などいろんなものが出ていますので、じっくり選んでみてください。

自分に合うおしゃれなローヒールを探す

これから靴を1足買い足すとしたら、どんな靴を買ったらいいのでしょう？　どんなに素敵な靴でも、歩きにくかったり、足が痛くなるようでは意味がありません。「頭がキーンと痛くなるような靴には、憎しみさえ覚える」と友人が言っていましたが、私たち世代で同感する人、多いと思います。そうかといって、痛い靴は履きたくないから「足に優しい」というふれこみの、変なギャザーの入った餃子《ギョーザ》みたいな靴を履くのは気が進まないという人も多いはず。

私たち世代に必要な、靴選びのポイントは、デザインではなく、ヒールの高さです。前にも書きましたが、私自身、ローヒール生活に切り替えて快適な毎日を送れるようになっています。50代以降は、体力的にもフラットか、ローヒール(でも、あくまでおしゃれ感のある)が一番おすすめなのです。こういった消費者のニーズはメーカーもわかっていて、ここ数年、ローヒールで履きやすく、トレンド感のある靴がどんどん増えています。

ちなみに、私がハマっているのは、国産ブランド、「GOHAN《ゴハン》」の靴。細身の男前なトラッド靴なのに、毎日履いているだけで、インソールが足のアーチを支えて、密《ひそ》かに私の足の骨格を正しい位置に直してくれるというすごい靴。「素敵な靴。それ、どこの?」と褒められる上に、履き心地抜群なんです。

「コールハーン」のナイキ製のエアクッション入りの靴も優秀です。パンプスからブーツ、バレエシューズまで、ほとんどの靴に衝撃吸収クッション材のエアソールが入っていてビックリします。特にバレエシューズは1日中立ちっぱなしのロケでもスニーカーを履いている時と同じくらいに疲れづらく、楽にすごせる優れものです。

高価でも、その価値アリ、と私が思うのは、「トッズ」のローファー、「ジミーチュウ」のライダースブーツや3cmぐらいのローヒールのパンプスなどです。最近は、ローヒールのパンプスや、トラッドの流行を受けて、ビットローファーやタッセルローファーが出揃っています。また、ウエッジヒールやプラットフォームシューズ（厚底靴）なら、全体のヒールが、例えば8cmと一見高くても、前のトウ部分に4cmほど厚みがあれば、実際履いた時の傾斜は差し引きヒール4cm相当になり、意外に履きやすい、という場合もたくさんあります。

こんなふうに、履きやすくておしゃれな靴は増えています。「合う靴がない」「ヒールが履けないからおしゃれはあきらめた」なんて言わず、どんどんトライして、自分にぴったりの靴をぜひ見つけてください。

お気に入りの靴に出会って、うちにつれて帰ったら、すぐに箱から出して、その靴を一番目につく、手に取りやすい場所に置いて、翌日からガンガン履きます。靴は箱にしまったら負け！　です。

こうして靴にもスタメンを作ってください。仕事柄100足は靴を持っている私でも、実はワンシーズンにヘビロテする靴はそれほど多くありません。痛くなく、よく履く靴をつきつめると、せいぜい2、3足でしょう。これがスタメン靴で、さらに控えの雨の日用、スニーカー、冬のブーツを入れても4、5足もあれば十分のはずです。

こうして、スタメン靴のラインナップが決まれば、今度、洋服を買う時には、これらの靴に合うものを買う、というふうになればいいのです。

オーバー50のための小物力

小物使いの威力を、私たち世代は知りすぎるほど知っています。でも、そのルールも変わってきていることをご存じですか？

「小物」は、ほんの少しのボリュームの違いなどで全身のバランスに大きく響くもの。新しい〝すっきりバランス〟を作るテクニックをまとめてみます。

＊バッグ——ボリューム感、持ち手の長さなどを姿見でバランスチェック

50代で、背の高い人や大柄な人、仕事でどうしてもたくさんの荷物を持ち歩かなければいけない人以外は、バッグはあまり大きくない方がバランスがきれいです。

大きいバッグを持つと、荷物をついつい詰め込みすぎて、重い荷物を持ち歩くはめになりますよね。「よっこらしょ」などと、バッグを持ち上げる動作がいちいち老けて見えて損。この際、流行のビッグトートなどは若い人に任せた方がよさそうです。

バッグは、必ず手に持つか、肩にかけてみて、姿見に映してみましょう。大きさだけでなく持ち手の長さと身長のバランスも大事です。バッグを持って全身を鏡に映した時、バッグの存在感が大きすぎたり、逆に、身体の大きさが強調されたりするのはアンバランス。持った時に美しいバランスに見えるものが、その人にとって「正解」です。

色は、無難な黒を選びがちですが、今ならグレーもコーディネイトしやすくておすすめです。さし色として、きれいな色を持つのも着こなし次第ではアリです。

携帯電話がすぐ取り出せるように外ポケットのあるものを選ぶなど、使いやすさ、機能性もポイントです。

＊ストール――薄手大判の基本色とニュアンス色の2枚をフル活用

ストールやスカーフを買う時も必ず試着して姿見でバランスをチェックしましょう。サイズを迷われる方も多いと思いますが、一番使えるのは、薄手の大判ストールです。

色や柄の違う2枚があれば完璧です。1枚目は、黒やグレー、茶など自分のベーシックカラー、もしくはそこから少し薄い色を。2枚目は着こなしのアクセントになるニュアンスカラーを。ベーシックカラーから色調や明度が離れない、グレイッシュなブルーやピンクなど。柄物でもOKです。

このストール、私たち世代にとっては、実は「突然襲ってくるホットフラッシュが怖くて、外出の時にタートルネックを着られない」なんて場合の体温調節にももってこいのアイテム。素材のよい薄手大判ストールは、うまく使えばニット1枚分くらいの温度調節の役目を果たしますので、ここは少し張り込んで上質のものを買い、ヘビーローテーションで使いましょう。すぐに元はとれます。

普段のコーディネイトでも、毎回、出かける前に必ず姿見で全体のバランスをチェック。その日の服、靴、バッグとのバランスはとれているか、ストールの色や柄の顔映りは悪くないか、ストールはコーディネイトの仕上げでもあるので、ボリュームの調節や巻き方を変えるなどして、ベストバランスを見つけてください。

ストールは巻き方以前の〝扱い方〟が大事だということをご存じですか？　よく見かけるのが、シルクのスカーフと同じようにきちんとたたみ、両端を左右対称に垂らしている方。これでは色や柄が生かされず、あか抜けない印象になります。おすすめは「バイアス巻き」。ストールを斜めに使うのです。この状態で、はおるように使ったり、ぐるぐる巻いたりしてみてください。きれいにたたまないことがポイントです。ストールの両端が細長く垂れてすっきり見えるはずです。

ちなみに、私が「巻きものの達人」だと思うのは、街で見かけるおしゃれな若者。いわゆる「チャラ男」と呼ばれる男の子たち。彼らのストールを巻くセンスはもう天才、達人の域です。彼らを観察して、テクニックを盗みましょう。

＊アクセサリー――アクセサリーは軽いものか毎日身につけるものだけ

アクセサリーは何かつけないと寂しいからと、ついつい足してしまう人は要注意です。特に大振りなファッションジュエリーはかなり危険。うまくハマらないと安っぽい感じや古い感じになってしまいます。若い子がつけてかわいいものも大人がつけると悲惨なことになるので注意。

また、今は服自体にインパクトがあるものが多いので、余計なものを足すとコーディネイト全体のバランスが狂ってしまうことがあるので要注意。

「軽さ」も大事なポイントです。2時間もしていると肩が凝ってしまうような重いネックレスは、いくら素敵でもあきらめた方が身のためです。

私は、特別な時以外は、外出のたびにアクセサリーを変える必要はないと思います。

知り合いに、パリのハイジュエラー、「ヴァン クリーフ&アーペル」の人気シリーズ、〝アルハンブラ〟のチャーム付きネックレスを毎日つけている人がいます。セーターにデニムの時も、仕事でジャケットを着る時も、ドレスアップする時は、さらに他のアクセサリーを重ねづけして、ネックレスがもう彼女の身体の一部と化しています。彼女を見ていると、どんなコーディネイトの時でも毎日つけられるステディなアクセサリーをワンセット持つことに、こなれた「大人のおしゃれ感」を感じるのです。

そんなおしゃれができるのも大人ならではの楽しみではないでしょうか。

旅に行く時のワードローブこそ究極のスタメン〜スーツケースメソッド

ここまでワードローブを見直してくると、必要なものとそうでないものが自分の中でよくわかってくると思います。

それでも、まだ何を着たらいいのかわからない、という時、私が提案したいのが〝スーツケースメソッド〟です。

旅に行く時、スーツケースにつめられる服や靴、小物ってかなり限られていますよね。旅先では、その数少ない服でコーディネイトを考えますよね。

「このパンツとセーターだけでは寒いかしら？　ジャケットにはネックレスとストールどちらを合わせればいいの？　それとも夕食終わるまでホテルに戻れないから両方持っていく？　靴は、歩き回って美術館とかも行きたいからローヒール。このパンツ、ローヒールに合わせたことがないけれどバランス大丈夫かな。あら、案外イケるじゃないこの組み合せ」など、切羽つまって考えたコーディネイトが、今まで試したことがない新鮮な組み合せですごくよかったりしませんか？

ここにワードローブの究極の答えがあります。それは、旅に持っていく服が、実はあなたの「スタメン」の服だということ。しかもスタメン服の中のMVP。旅先では、写真を撮ったり、食事でレストランに出かけることもあるでしょう。仕事で初めての人に会う場合はいい印象を与えたい。そんな旅先のあらゆるシーンを想定して無意識に選ばれた数枚の服、それが、あなたが今一番必要としていて、ヘビロテしている愛すべき「スタメン」の服なのではないでしょうか。

かなり極論にはなりますが、本当は日常でも、その旅のワードローブに何枚か足せば、それだけで十分生きていけるのだと思います。

一度、旅行に行くと仮定して、スーツケースひとつかふたつにつめられるだけの服と小物を選び、それだけで1週間すごしてみませんか。きっと新しい発見があるはずです。

50代、おしゃれ以前の身だしなみ

実践編の最後に、おしゃれの努力が無駄にならない、おしゃれを引き立てる、

50代からの美容とボディケアについてもつけ加えておきたいと思います。

＊下着――ブラ選びでバストポイントを2㎝アップ

若々しく見せるには、ヘアとメイクをアップデートすることが大事だとお話ししましたが、実は下着はそれ以上の効果があります。私の持論ですが、バストポイントが2㎝上がっただけで10歳は若く見えます！

特に「ゴージャスな胸」の人はバストが外に逃げやすく、バストポイントは下がると身幅が太く見えたり、老けて見えたりしがちです。また、「上品な胸」の人もそれなりに下がってくるので、油断は禁物です。

どちらの人も、理想は、肩から肘のちょうど半分の位置にバストポイントがあること。試着の時はシンプルなセーターか、Ｔシャツで下着売り場に直行してください。

ポイントは、今までの自分のサイズを過信せず、店員にきちんと測り直してもらうこと。パッドがどこに入っているかでずいぶん印象が違った胸になるので、いくつかのタイプを試着すること。ブラのひもの長さや、正しいつけ方も店員にチェックしてもらうことも大事です。

そして何より大事なのは、試着したブラの上から着てきたセーターやTシャツを着て、最初につけてきたブラの時とどう違うかをチェック。同じトップスを着ているのに、あまりの見え方の違いにビックリすることでしょう。

普段はブラ付きキャミで楽にすごしていても、同窓会など、ここぞという時には新しいブラで臨むことをおすすめします。

＊姿勢——背中とわきを伸ばすストレッチで「前かがみ&老化」を予防

着ているものは素敵なのに、背中が丸くなり、その姿勢のせいで老けて見えている人が多いことに気づきませんか？　年齢を重ね、筋力が落ちると、自分では気がつかないうちに前かがみの姿勢になりやすいんですね。前かがみが続くと、背中は丸まり、お腹にも背中にも肉がついておばさん体型まっしぐら。

せっかくブラでバストポイントを上げて、素敵な洋服と小物で全身をコーディネイトしても、姿勢が悪いと台無しです。

だからといって、いきなりハードな筋トレをしても、続かず挫折するパターンが多いかと思います。

私個人の体験から、50代の女性におすすめしたいのは、筋トレよりもストレッチ。

ヨガの先生に教わって私がやっているのは主にふたつの動きです。ひとつが、肋骨《ろっこつ》とわきをしっかり伸ばすストレッチ。もうひとつが股関節を柔らかくするストレッチ。

また、歩いたり、立ったり座ったりする時、お腹のへその下あたり、丹田に力を入れるように普段から意識してます。

それだけのことですが、自分でも少しずつ姿勢がよくなっている気がします。それにこのストレッチは腰痛予防にもいいし、関節の可動範囲が広がるので日常の動作での消費カロリーも大きくなり、痩せやすい身体になるとか。今後も続ける価値アリです。

＊手――1日に何度でもこまめにハンドクリームを塗る

50代の女性が隠したいパーツと言えば、首、肘、膝、かかと、二の腕、背中ではないでしょうか。これらは洋服の選び方、着こなし方でカバーできます。

実はもう1か所、加齢がとても目立つパーツがあります。それは手。手は洋服でカバーすることができず、常に人目にさらされています。食事をする時、クレジットカードのサインの時。否応なしに見られています。

人目につきやすい分、手がすべすべできれいならぐっと若い印象になります。手のケアとしては、とにかく保湿。私はキッチン、洗面所、リビング、うちの中のいたるところにハンドクリームを置いて、気がついたら1日に何度も塗っています。もちろん外出の時もバッグの中に入れておきます。

うっかりさぼると、みるみる老婆のような手になりますが、まめにハンドクリームを塗れば、ちゃんとしっとりした手に戻ります。

ネイルサロンに行けなくても大丈夫。ハンドクリームの習慣こそ、50代の美容に欠かせないものだと思います。

＊ヘア——自力でメンテナンスできる髪型にオーダーすることがポイント

髪は顔の額縁。人をパッと見た時、髪はその人の印象を決める大きな要素です。50代がきれいに見える髪型はどんな髪型ですか？　と聞かれることがよくあるのですが、これもまた、「全員に似合うスタイルはない」とお答えします。

全員に似合うスタイルはない代わりに、どのヘアスタイルにも言えることはあります。後頭部に少しふんわりボリュームをもたせることです。このふんわりで全身のバランスがきれいに見えるのです。さらに、髪が十分に手入れされ、ツヤのある健康な髪であれば言うことなし。

そこで大事になってくるのがヘアサロンでのオーダーの仕方。どんな髪型にするか以前に、家でメンテナンスできる範囲を正直に申告してください。

例えば、私の場合忙しいので、家で巻いたりブローをしないと形が決まらないスタイルはキープできません。そこで「洗いっぱなしで大丈夫な髪型に」とオーダーしています。他にシャンプーの頻度や使っているスタイリング剤の種類なども伝えた方がいいでしょう。

もちろん、巻いたり、ブローしたりするのがちっとも苦にならないという人は、セミロングやロングのスタイルを楽しんでください。

無理をしなくても普段の習慣として続けられる。50代の美容はそこがとても大事です。それは今後、60代、70代になっても必要な「身だしなみ」だと思います。

おしゃれは人生を楽しむためにある

自分と時代の変化を認めなきゃダメ。古いルールと着ない服は捨てろ。など、苦言、提言、ひっくるめていろんなことをこの本の中で言いました。

でも、私は何かまだ言い足りないことがある気がします。

そう、私が一番言いたいのは、おしゃれは人生を楽しむためのもの、ということ。

50歳になると正直、「死」が視界に入ってきます。2011年の東日本大震災や原発事故のこともあって、いつ、何がどうなるかわからない、という気持ちもあります。

だから、私は、個人的にこれからは、いつ死んでもいいくらいの気持ちで生きていきたいと思います。「本当は○○をしたかったけど……」と後悔にまみれて死にたくはない。自分のできることを精いっぱいやって、思い切り楽しんで生きていきたい。

おしゃれをするのもそんな生き方の一部。今イチの服を着ている時間の余裕など、私にはないのです。好きなものを自由に着て、それで人からも「あら、素敵」と思ってもらえれば、なおうれしい。そのために、ちょっとでもましに見える洋服を探し、コーディネイトに工夫をしているのです。

ちなみに、告白すると、私は若い時からロックが大好き。今も、好きなアーティストのライブは、国内はもちろん海を越えてでも追いかけていきます。

そんな私は自分の洋服のコーディネイトに迷った時は、「もし、今日、あのロックスターとデートするとしたら」と想定します。そうすると、最高にイケてるコーディネイトが思いつけるのです。「その格好、過激すぎない？」と言う人がいたとしてもどうってことない。「Ｓｏ　ｗｈａｔ？（それが何？）」です。

もちろん、こんなロックテイストをみなさんにおすすめするわけではありません。

あなたはあなたの大好きな人を思い浮かべてください。そして、「もし、あの人にばったり会ったら……」と考えて洋服を選んでください。

ね？　おしゃれをするのがワクワクしますよね。生きてる間、その気持ちを、みんながずっと持ち続けられたらいいなと思います。

おわりに

今回の本は自戒の念を込めて自分自身のためにも書かせていただきました。みなさんに、50代からのファッションを提案するとともに、自分にも言い聞かせる気持ちで書き始めました。

書き進むうちに、迷宮にはまり込んでわからなくなっていた「私なりの50代のスタイル」と、今、何を着たいか？　何を着るべきかがだんだんはっきりとしてきて、今まで以上に自分のファッションやライフスタイルまでまじめに考えるようになったのです。

また、原稿書きに疲れると、クロゼットに逃げ込んでは整理を繰り返したおかげで、ワードローブも徐々に整理されてきました。少しだけ迷宮の出口が見えたように思えます。

私たちが青春をすごした1970年代は、景気もよく、日本も元気で、私たちは自由な教育の中で育ちました。「アンアン」「ノンノ」などいろいろなファッション雑誌が生まれ、「VAN《ヴァン》」に代表されるトラッド、「JUN《ジュン》」や「ROPÉ《ロペ》」

のコンチネンタルファッションまでいろいろなファッションに果敢に挑戦してきた世代です。

そんな時代を経てプロのスタイリストという仕事に携わってきたからこそ、「50代ファッションの呪縛」に苦しんでいたのは、何より私だったのかもしれません。もし、私が30代や40代で、ファッションについての本を書いていたら、全く違ったものになっていたと思います。自慢のハイブランドの靴やバッグ、ランウェイに出てくるような服を並べて「ほら、こんなふうにすればクールじゃない？」と上から目線でファッション自慢をして終わっていたかもしれません。

40歳をすぎ、体重が増えたり、顔にはほうれい線が刻まれ、脚は乾燥して粉を吹き、足首の靭帯《じんたい》裂傷でハイヒールが長い時間履けなくなったりと、いろいろと痛い目にあって初めて、自分のファッションについて真剣に考えることができたのかもしれません。

長年ファッションのノウハウを雑誌で提案し、自らも培ってきたのに、なんだかコーディネイトがうまくいかない、今まで似合っていたものが似合わない、そんな思いをしているのは、最初私だけかと思いました。しかし、同年代の友人と話しているうちにみんな同じ思いでいることに気がついたのです。

「なんだ、私だけじゃなかったんだ」ということは、他にも「なぜ、何を着ても似合わないんだろう？　しかも私だけ？」と思い込んでいる同年代が大勢いるはずでは？　と思いこの本を書くことにしました。

悩んでいるのは、あなただけではありません。かつて雑誌で学んだ、昭和のファッションルールは捨て、今の時代と自分のライフスタイルにフィットした、新しい50代のルールを考えるのはここからなのです。今がチャンスなんです。

最後に、私におしゃれの極意を最初に教えてくれた母、葉子と、その周りの超クールで、粋な築地《つきじ》のマダムたちに深く感謝いたします。彼女たちから学んだおしゃれセンスのおかげでファッションの仕事を長く続けられているようなものです。ファッションセンスと教育は、母が私に残してくれた一番の財産だと思います。

また、20年前、単なるスタイリストだった私に、雑誌の連載コラムを初めて書く機会を与えてくれた某社の恩田さん、今回この本を書く機会を与えてくれた担当編集者、私の混乱した原稿をまとめあげてくれた加藤ナオミさんに深く感謝します。本当にありがとうございました。

この本を手に取っていただき、最後まで読んでいただきありがとうございました。

みなさまが、これからもファッションを楽しみながら素敵な人生をすごされますように。

LOVE
地曳いく子

編集協力／加藤ナオミ
本文デザイン／木村典子（Ｂａｌｃｏｎｙ）

本書は二〇一三年七月、集英社より刊行されました。

集英社文庫

50歳《さい》、おしゃれ元年《がんねん》。

2016年1月25日　第1刷
2017年6月6日　第5刷

定価はカバーに表示してあります。

著　者　地曳《じびき》いく子《こ》

発行者　村田登志江

発行所　株式会社 集英社
東京都千代田区一ツ橋2-5-10　〒101-8050
電話　【編集部】03-3230-6095
【読者係】03-3230-6080
【販売部】03-3230-6393（書店専用）

印　刷　大日本印刷株式会社

製　本　大日本印刷株式会社

フォーマットデザイン　アリヤマデザインストア　　マークデザイン　居山浩二

ISBN978-4-08-745409-3 C0195